ज्योतिष और विवाह योग

ज्योतिष और विवाह योग

मंगलीक दोष क्या है? उसका निराकरण क्या है? प्रेम विवाह, अन्तर्जातीय विवाह, परम्परागत विवाह, कितने विवाह होंगे? दाम्पत्य जीवन कैसा रहेगा? इन सभी शंकाओं का सटीक समाधान आप इस पुस्तक के माध्यम से सही अर्थों में पहली बार जान पाएंगे।

लेखक :

अन्तर्राष्ट्रीय ख्यातिप्राप्त, लब्ध सुवर्णपदक

दैवज्ञ महर्षि पं० भोजराज द्विवेदी

संपादक "अज्ञातदर्शन" पाक्षिक ज्योतिष पत्रिका

रिसर्च स्कालर ज्योतिष एम० ए० संस्कृत दर्शन

डायमंड बुक्स

प्रकाशक : **डायमंड पॉकेट बुक्स (प्रा.) लि.**
X-30 ओखला इंडस्ट्रियल एरिया, फेज-II
नई दिल्ली-110020
फोन : 011-40712200
ई-मेल : wecare@diamondbooks.in
वेबसाइट : www.diamondbooks.in
संस्करण : 2025
मुद्रक : रेप्रो (इंडिया)

Jyotish Aur Vivah Yog
By : Dr. Bhojraj Dwivedi

पुस्तक के बारे में

विवाह मानवीय जीवन की सबसे आवश्यक एवं विचित्र विडंबना है। जीवन या मरण, चिरआनंद या चिरस्थाई दुःख सभी कुछ विवाह की परिधि में आबद्ध है। युवा वर्ग विवाह के मधुर स्वप्नों की काल्पनिक दुनिया में खोया रहता है पर होता वही है, जो बहुत पूर्व विधाता ने पहले से ही निश्चित कर रखा है। विवाह, वंशवृक्ष की वाटिका में प्रवेश करने का प्रथम सोपान है। पूर्वजन्म के संचित पाप व पुण्य के रूप में हमारा जीवन साथी हमारे बीच में अचानक प्रकट होता है। आपको कैसा जीवन साथी मिलेगा? आप परंपरागत विवाह करेंगे? प्रेमविवाह? अंतर्राजातीय विवाह या अन्य कुछ? जीवन में कितने विवाह होंगे? दांपत्य जीवन सुखी रहेगा या दुःखी? वर्षों के परिश्रम से इस प्रकार के लगभग 250 योगायोगों का संकलन इस पुस्तक में किया गया है। भविष्य के गर्त में छुपी हई इन सब रहस्यमय बातों का पता आपको इस पुस्तक के अध्ययन से चल जायेगा।

मंगली-दोष को लेकर अनेक भ्रांत-धारणाएं यत्र-तत्र व्याप्त हैं। आम जनता ही नहीं अपितु ज्योतिष-शास्त्र के अध्येता, विद्वत्वर्गभी अनेक विरोधात्मक तथ्यों को लेकर परेशान है। मंगल दोष को लेकर ज्योतिर्विदों में एक वाक्यता का नितांत अभाव है। प्रस्तुत पुस्तक में "अज्ञातदर्शन" के विद्वान संपादक दैवज्ञ शिरोमणि पं. भोजराज द्विवेदी ने मंगल संबंधी सभी शंकाओं का श्रुत प्रमाणों को उद्धृत करते हुए संपूर्ण निराकरण कर दिया है। इसी प्रकार से "स्त्री जातक" के बारे में भी कई अमूल्य-सूत्रों को इस पुस्तक में पिरोया गया है।

शुभ या अशुभ जो भी योग विधाता ने हमारे भाग्य में जन्मपत्रिका के माध्यम से लिख दिये, क्या उन अशुभ व बुरे योगों को जानने के बाद, हम अपना, मानव सभ्यता का कुछ भला कर सकते हैं? बिल्कुल!! इस पुस्तक में प्रत्येक प्रकार के बुरे योगों से बचने के उपाय दिए गए हैं। इसलिए यह पुस्तक मानवीय सभ्यता के लिए अमृत तुल्य औषध है। अंतर्राष्ट्रीय ख्याति प्राप्त विद्वान लेखक नेअपने परंपरागत संचित ज्ञान तथा वर्षों के अनुभव को अपनी यशस्वी लेखनी के माध्यम से इस पुस्तक में प्रस्तुत किया है। अतः प्रस्तुत पुस्तक निःसंदेह ज्योतिष जगत की अमूल्य धरोहर है।

—प्रकाशक

अनुक्रम

ज्योतिष में योग का स्वरूप

मंदिर में भोग, अस्पताल में रोग और ज्योतिष में योग का बड़ा महत्त्व है। योग शब्द की विस्तृत व्याख्या की आवश्यकता नहीं है। योग मिलन का पर्याय है। दो वस्तुओं के मिलन को **"योग"** एवं अलगाव को **"वियोग"** कहते हैं। ज्योतिष में हमें यही अर्थ अभिप्रेत है। एक से अधिक प्रकार की ग्रह-स्थितियों कें विशेष तालमेल को योग कहते हैं। इन योगों के आधार पर की गई भविष्यवाणियां अधिक वैज्ञानिक एवं सटीक होती हैं। ये योग ही फलित ज्योतिष का आधार स्तम्भ है। यदि इन योगों को समझने में कहीं गलती हो जाए, कुछ त्रुटि रह जाए तो संपूर्ण फलित ज्योतिष का भवन ही नीचे गिर जाएगा। अत: यह बात भली-भांति समझ लेनी चाहिए कि योग के बिना फलित ज्योतिष का कहीं कुछ अस्तित्व शेष नहीं रह जाता।

ज्योतिष के दो भाग हैं गणित और फलित। गणित एक गणनात्मक प्रक्रिया है जिसकी जगह कैलकूलेटर एवं कंप्यूटर ने ले ली है, जिसकी वजह से मनुष्य का महत्त्व ही समाप्त हो गया है क्योंकि कंप्यूटर मनुष्य से अधिक तेज गति से एवं सही व सूक्ष्म गणित कर लेता है। ज्योतिष का सर्वाधिक चमत्कारी एवं रोचक पक्ष है फलित। कंप्यूटर अभी फलादेश कहने में पूर्ण रूप से समर्थ नहीं हो पाया है क्योंकि फलादेश अनुभवगम्य है, कंप्यूटर के पास मैमोरी तो है पर अनुभव नहीं। फलादेश की सत्यता ईश्वर कृपा पर भी अवलंबित है। इष्ट कृपा ज्योतिष में अनिवार्य है। इष्ट कृपा से ही ज्योतिष की सुगंध फैलती है अन्यथा वह एक निर्गंध पुष्प है। इष्ट कृपा साधना से प्राप्त होती है। मशीनें साधनाएं नहीं कर सकतीं क्योंकि वे निर्जीव हैं, आत्मा व चैतन्य शक्ति

से शून्य जड़ पदार्थ हैं। अत: कंप्यूटर इत्यादि मशीनें आदमी की सहायक तो हो सकती हैं, पर सब कुछ नहीं।

अब फलित ज्योतिष में सिद्धहस्तता प्राप्त करने के लिए मनुष्य के पास दो ही विकल्प शेष रह जाते हैं प्रथम अध्ययन, द्वितीय साधना। अध्ययन साधना का प्रथम सोपान है। अध्ययन करते-करते मनुष्य सिद्ध हो जाता है। योग एक ऐसी ही सिद्धि है। योग को सम्यक् रूप से समझना, उन्हें हृदयंगम करना ही एक साधना है। किसी व्यक्ति को पचास-सौ योग कंठस्थ हो जाएं तो ऐसा व्यक्ति फलादेश का चैंपियन बन जाता है। लोग उसके इर्द-गिर्द घूमते हैं और अपनी कुंडली बनावाने के लिए लालायित रहते हैं। मैंने प्रैक्टिकल रूप से देखा है कि किसी भी जिज्ञासु व्यक्ति को उसकी कुंडली का योग बता दो, उसका श्लोक सुना दो और उसका अर्थ समझा दो, वह मंत्रमुग्ध हो जाता है तथा उस ज्योतिषी का एवं ज्योतिषविद्या दोनों का भक्त हो जाता है।

पिछले एक हजार वर्षों से फलित ज्योतिष में योग को लेकर कोई सही काम नहीं हुआ। ज्योतिष की प्राचीन पुस्तकों में योग इधर-उधर बिखरे मिलते हैं, उनका कोई अनुक्रम नहीं, सीमिट्री नहीं, उनकी विस्तृत व्याख्या एवं विवेचन नहीं मिलते। उन योगों को व्यावहारिक कसौटी पर भी नहीं कसा गया। उनकी सत्यता की जांच भी नहीं की गई। हजारों वर्ष पूर्व लिखे गए साहित्य की उपयोगिता में अब बदलाव आ गया है। देशकाल परिस्थितियां-वातावरण-पर्यावरण चिंतन सभी कुछ तो बदल गया है। हाथी-घोड़ों की जगह कार-स्कूटर एवं हवाई जहाज ने ले ली है। चक्रवर्ती राजा, सम्राट, महाराजाधिराज, राजराजेश्वर के युग अब समाप्त हो गए। उनकी जगह केबिनेट मिनिस्टर, राज्यमंत्री, सांसदों एवं विधायकों ने ले ली है। सभी मानदंड बदल गए, इन बदलते मान-दंडों के परिपेक्ष्य में हमें ज्योतिष के इन योगों का आधुनिकीकरण करना होगा।

दिव्यद्रष्टा ऋषि-मुनि भी नहीं रहे। ऋषि क्या है वस्तुत: **"ऋषियो रिसर्च: कर्तार"** जो निरंतर अनुसंधान में रत रहे वही ऋषि है। सत्य की निरंतर खोज में अपने आप को तिल-तिलकर जलाकर भारतीय ऋषियों ने ज्योतिष की ज्योति को प्रज्जवलित रखा। उन्हीं ऋषियों की प्रेरणा के प्रकाश पुंज में हमें आगे बढ़ना है। प्राचीन ऋषि आकर कोई नया शास्त्र बनाएंगे नहीं। अत: ऋषियों के पुनीत कार्य को भी हमें ही करना है। तभी भारतीय ज्योतिष के ज्ञान की निर्मल धारा अनुगता बनी रहेगी।

इसी कलिकाल में कुछ लोग ऐसे भी हैं जो ऋषियों द्वारा की गई खोज का सेहरा भी अपने सिर पर बांधना चाहते हैं। इस संदर्भ में डॉ. बी०वी० रमन द्वारा लिखित "थ्री हन्ड्रेड इंपोर्टेंट कांबिनेशन" नामक पुस्तक का उल्लेख जरूर करना चाहूंगा। यह पूरी

पुस्तक जातक तत्व, पाराशर एवं मानसागरी को आधार मानकर लिखी गई परंतु कहीं भी इन ऋषियों के प्रति कृतज्ञता का ज्ञापन नहीं किया गया। साथ ही मूल संदर्भित श्लोकों को भी कहीं नहीं दर्शाया गया। इसके पीछे लेखक का क्या उद्देश्य रहा होगा यह तो वही भली-भांति बता सकता है परंतु पूर्वाचार्यों एवं ऋषियों के प्रति कृतघ्नता का इससे बड़ा ज्वलंत उदाहरण और कहीं नहीं मिल सकता। ज्ञान का दोहन एवं शोषण की यह पराकाष्ठा है।

आंग्लप्रेमी ज्योतिष के ऐसे नक्कालों से ज्योतिष जगत को क्या फायदा हुआ इसे बाद में सोचा जाएगा परंतु जो प्रत्यक्ष नुकसान हो रहा है वह अक्षम्य है। प्रत्यक्ष नुकसान यह हुआ कि आम पाठक भारतीय ऋषियों से दूर होता चला गया तथा असलियत से भटक गया। सूटेड-बूटेड आंग्ल-प्रेमी सज्जन ऋषियों के पिष्टपेषण को, उनके वमन को, उनके झूठन को चटकारे ले-लेकर चाट तो रहा है परंतु प्रशंसा करेगा, उनके छद्मधारी लेखक की जिसने विदेशों में पाठक को यह सामग्री परोसी है। परिणाम यह हुआ कि आज पाठक भारतीय ज्योतिष से दूर होता चला गया और ज्योतिषविद्या भी विकृत होती चली गई। अत: मेरा प्रबुद्ध पाठकों से निवेदन है कि कोई भी ज्योतिष सामग्री पढ़ने के पूर्व यह जरूर देखें कि इसका मूल कहां है "इसकी जड़ कहां है"। जिस प्रकार वकील बहस के समय अपनी धाराएं प्रस्तुत करता है, ठीक उसी प्रकार से विद्वान् ज्योतिषी को भी फलादेश देते समय ऋषियों के श्लोक को उद्धृत करना चाहिए। तभी सच्चाई एवं पवित्रता कायम रहेगी।

ज्योतिषी को ऐसा दंभ कभी नहीं करना चाहिए कि मैंने उसको कहा तेरे पुत्र होगा और हो गया। वस्तुत: हम कहने वाले कौन होते हैं यह तो ऋषियों की वाणी थी। ऋषियों ने, पूर्वाचार्यों ने हमको बताया कि अमुक कुंडली में अमुक योग के कारण, अमुक जातक के लड़का होगा। हमने वही योग पढ़कर ज्योतिष के आधार पर भविष्यवाणी की कि तेरे पुत्र होगा। वास्तव में पुत्र हुआ तो आभार तो हमें ज्योतिष विज्ञान का एवं ऋषियों का मानना चाहिए तभी हम कृतज्ञ कहलाएंगे। ज्योतिष विज्ञान का पहला पाठ यह है कि ज्योतिषी को दंभी, अहंकारी एवं कृतघ्न नहीं होना चाहिए।

यदि हम दैविक संकेत से सही भविष्यवाणी करने में सफल होते हैं तो हमें दैवी-शक्ति का आभार मानना चाहिए। हमें कभी यह नहीं भूलना चाहिए कि हम तो केवल मात्र माध्यम हैं, मीडिएटर हैं। जब तक हम विनम्र हैं, कृतज्ञ हैं, दैविक शक्ति हमारे साथ रहेगी, मां सरस्वती का वरदहस्त भी हम पर अक्षुण बना रहेगा। जब हम अनाधिकृत चेष्टा कर अहं की तुष्टि में लग जाएंगे, ज्योतिष का दिव्य ज्ञान एवं दैवी शक्ति दोनों हमारा साथ छोड़ देंगी। हम मात्र गणितज्ञ बन कर रह जाएंगे। जन्मपत्री बना लेंगे, दशाएं निकाल देंगे, पर उनके आधार पर की गई हमारी भविष्यवाणी सही

सिद्ध नहीं होगी। इसलिए ध्यान रहे कि हमें निर्गंध-पुष्प बनने की चेष्टा नहीं करनी चाहिए।

जन्म कुंडली के विवेचनात्मक अध्ययन से हमें साधारण व सामान्य फलादेश की जानकारी ही प्राप्त हो सकती है। विशेष एवं सटीक फलादेश तो हमें 'योग' से ही प्राप्त होते हैं। उदाहरणार्थ व्यक्ति धनवान है या गरीब, धनवान है तो कितना। संतान हैं या नहीं, हैं, तो कितनी, नहीं है, तो क्यों नहीं। इसका कारण भी हमें योग ही बताएगा। इसके बाद योगों की निवृत्ति के उपाए भी दिए गए हैं। यह सबसे महत्त्वपर्ण बात है जो इस ग्रन्थ में आप देखेंगे। ऐसा डॉक्टर किस काम का, जो हमें बीमारी तो बता देता है पर इसका इलाज नहीं बताता। निदान के बिना कोई भी विद्या अधूरी ही मानी जाएगी। यही हाल ज्योतिषी का है वह शास्त्रवचनों के अनुसार "अरिष्ट कथन" तो कर देगा और वह अरिष्टयोग यजमान की कुंडली में बराबर मिल भी रहा है परंतु इसका उपाए, निराकरण न बताया तो यजमान छटपटा कर रह जाएगा। मछली को पानी के बाहर निकाल कर छोड़ने से जिस प्रकार मछली तड़पती है ठीक उसी प्रकार से यजमान को व्याकुलता हो जाती है। यदि हम उपाए न बतावें तो ज्योतिष की उपयोगिता पर प्रश्नवाचक चिन्ह लग जाएगा। उपाए बताने के लिए ज्योतिषी को धर्मशास्त्र, संस्कृत एवं कर्मकांड का ज्ञान होना अनिवार्य है। कर्मकांड व धर्मशास्त्र के ज्ञान के बिना ज्योतिषी की स्थिति उस वृक्ष के समान हो जाती है जिसकी अनेक शाखाएं तो हैं, उस पर पत्ते भी हैं, पुष्प भी हैं पर फल नहीं। ज्योतिष विज्ञान का दूसरा महत्त्वपूर्ण पाठ यह है कि हमें फलदार वृक्ष बनने की चेष्टा करनी चाहिए। हमारे यहां से व्यक्ति कभी निराश नहीं लौटना चाहिए। हमें अंधेरे में प्रकाश की किरण की तरह व्यक्ति के मन-मस्तिष्क में आशावादी विचार भरने होंगे आशारूपी फल को प्राप्त करने पर मनुष्य का जीवन सार्थक हो जाता है। इसके लिए हमारे कार्यालय का मंत्र-तंत्र विभाग सतत् रूप से प्रयत्नशील है।

याद रखें ईश्वर के पश्चात् ज्योतिषी वह पहला व्यक्ति है जो आपके भविष्य के बारे में सही जानकारी रखता है। कठिनाई के क्षणों में, विपत्ति की घड़ियों में या ऐसे समय में जब व्यक्ति के पुरुषार्थ का जोर नहीं चलता व्यक्ति सीधा मंदिर, मस्जिद या गिरजाघरों में जाता है या फिर सीधा ज्योतिषी की शरण में जाकर अपने दुःख-दर्द की फरियाद करता है। ऐसे में ज्योतिषी की जिम्मेदारी और अधिक बढ़ जाती है।

भारत में विद्वान् ज्योतिषी हो और ब्राह्मण हो तो लोग उसे ईश्वरतुल्य सम्मान देते हैं। भारत में भविष्यवक्ता को इतना सम्मान नहीं मिलता जितना ज्योतिषी को, भविष्यवक्ता होना और बात है तथा ज्योतिषशास्त्र का अध्येता होना अलग महत्त्व रखता है। वराहमिहिर ने भी कहा है—

म्लेच्छा हि यवनास्तेषु सम्यक् शास्त्रमिदं स्थितम्।
ऋषिवत्तेऽपि पूज्यन्ते किं पुनर्देवविद्द्विजः ॥

अर्थात् व्यक्ति कितना भी पतित हो, शूद्र हो, म्लेच्छ, चाहे यवन ही क्यों न हो, इस ज्योतिष शास्त्र के सम्यक् (भली-भांति) अध्ययन से ऋषि के समान पूजनीय हो जाता है। इस दिव्य ज्ञान के गंगास्नान से व्यक्ति पवित्र व पूजनीय हो जाता है। फिर उस ब्राह्मण की क्या बात, जो ब्राह्मण भी हो, दैवज्ञ भी हो और इस दिव्य विद्या को जानता हो, अर्थात् उनकी अग्रपूजा तो निश्चित ही होती है।

इस श्लोक में "सम्यक्" शब्द पर विशेष जोर दिया गया है। सम्यक् ज्ञान गुरु कृपा से ही आता है। पुस्तक के माध्यम से आप गुरु के विचारों के समीप जरूर पहुंचते हैं पर अंततोगत्वा वह किताबी ज्ञान ही कहलाता है। भारतीय वाङ्मय में गुरु का बड़ा महत्त्व है। कई जगह तो गुरु को ईश्वर से बड़ा दर्जा दिया गया है।

गुरु गोविंद दोऊ खड़े, का के लागू पाय।
बलिहारी गुरुदेव की, गोविंद दिया बताय॥

शास्त्रकारों ने निर्देश दिया है कि गुरु की आज्ञा के बिना जो शास्त्र का प्रयोग करता है, वह वस्तुतः ज्ञान की चोरी करता है, उसकी विद्या कुंठित हो जाती है। कर्ण को परशुराम ने यही श्राप दिया था कि —"तूने छल से विद्या प्राप्त की है, इसलिए जब इस शस्त्र-विद्या की तुझे सबसे ज्यादा आवश्यकता प्रतीत होगी, उस समय यह विद्या तेरा साथ छोड़ देगी।" एक व्यक्ति के जीवन में अनेक गुरु होते हैं भगवान दत्तात्रेय के 24 गुरु थे, एक जगह तो उन्होंने कुत्ते को भी अपना गुरु माना। कहने का तात्पर्य यह है कि जिससे भी कुछ ज्ञान प्राप्त किया जाए वह "गुरु" है। गुरु की कोई उम्र नहीं होती, विद्या की कोई वय नहीं होती। गुरु के सान्निदय में, उसके आशीर्वाद से जो विद्या प्राप्त की जाती है उसकी तीव्रता, तीक्ष्णता एवं सिद्धि कुछ और होती है। गुरुमार विद्या मनुष्य को पतन के मार्ग की ओर ले जाती है।

ज्योतिष का तीसरा पाठ यह है कि भारतीय परंपरा के अनुसार व्यक्ति को पके हुए फलों की डाल की तरह झुककर (विनम्रता से) गुरुमुख से विद्या ग्रहण करनी चाहिए।

ज्योतिष का चौथा और अंतिम पाठ यह है कि बिना पूछे सलाह नहीं देनी चाहिए। हंसी-दिल्लगी व मनोविनोद में पूछे गए प्रश्नों का जवाब एवं अपात्र व्यक्ति को इस विद्या का उपदेश नहीं देना चाहिए। कुपात्र से बहस नहीं करनी चाहिए। चाहे वह आपका पुत्र ही क्यों न हो। जिज्ञासु सज्जन की शंका का समाधान एकांत में पूर्ण गंभीरता एवं गोपनीयता के साथ करें। जब तक जिज्ञासु सज्जन फल-पुष्प-नारियल और दक्षिणा के साथ यथाशक्ति विज्ञ दैवज्ञ का सम्मान न करे तब तक दैवज्ञ इस दिव्य

विद्या का उपदेश न करे। प्रकृति का नियम है जो खाली हाथ आता है, वह खाली हाथ जाता है। विद्या का आदर किए बिना विद्या नष्ट हो जाती है, विद्वान् ब्राह्मण के वचन भी खाली चले जाते हैं। अत: विज्ञ पाठकों को भी चाहिए कि सरस्वती के प्रांगण में न ही तो निरर्थक जाना चाहिए, न ही निरर्थक प्रश्न पूछने चाहिए। यथा—

"अस्पृष्टो नैव भाष्येत, भविष्यं नैव वाचयेत्।
स नक्षत्र सूचको निन्द्यः वर्जितः दैव कर्मणि॥"

अर्थात् गुरु, मंदिर व राजा के पास खाली हाथ नहीं जाना चाहिए। घर-घर जाकर बिना पूछे ही ज्योतिष-फल बताने वाला "नक्षत्रसूचक" कहा गया है। वराहमिहिर, सुमंतु, कश्यपद्ध, ब्रह्मपुराण, वसिष्ठ, गर्ग आदि सभी महर्षियों ने नक्षत्रसूचक की निंदा की है तथा उसे दैव कर्म के लिए अयोग्य घोषित किया है। फलितज्ञ को चाहिए कि — "जिन वचनों द्वारा, व्यक्ति या देश को हानि या दु:ख हो जाए।" न बतावे। जैसे—जुआ का मुहूर्त, सट्टे-लॉटरी के नंबर, चोरी का मुहूर्त, अमुक देश पर संकट आए, कार्य-करण संबंध पर विचार किए बिना भविष्य बताना। समाचार-पत्रों में बिना मांगे ही राजनैतिक भविष्यवाणियां करना, राजनेताओं का भविष्य प्रकाशित करना, गोपनीयता को भंग करना, किसी कन्या-स्त्री के गुप्त-प्रसंगों को प्रकाशित करना, ये सभी बातें, प्रत्येक दृष्टिकोण से नैतिक नियमों के विरुद्ध हैं। ऐसा ज्योतिषी "अयोग्य" होता है। अत: विज्ञ ज्योतिषी को गुरुवचनों से, नैतिक नियमों से आबद्ध होकर मर्यादा में रहना चाहिए, तभी भारतीय ज्योतिष की साख बढ़ेगी।

दिनांक 1-9-1995

पं० भोजराज द्विवेदी
संपादक— अज्ञातदर्शन (पाक्षिक)
प्रथम बी० रोड, गोल बिल्डिंग के पीछे
सरदारपुरा, जोधपुर (राज०)
दूरभाष—31883

सप्तम भाव पर विशेष विचार

जन्मकुंडली का सातवां भाव विवाह, पत्नी, ससुराल, प्रेम, भागीदारी एवं गुप्त व्यापार का कहा गया है।

सातवां भाव यदि पापग्रहों द्वारा देखा जाता है, उसमें अशुभ राशि या योग पड़े हैं तो स्त्री का पति चरित्रहीन होगा। स्त्री जातक की कुंडली के सातवें स्थान में पापग्रह है, कोई शुभग्रह उसे नहीं देख रहा है तो ऐसी स्त्री पति की मृत्यु का कारण होगी परंतु ऐसी कुंडली के द्वितीय भाव में शुभग्रह बैठे हों तो पहले स्त्री की मृत्यु होगी पति की नहीं। सूर्य और चंद्रमा पति-पत्नी की कुंडली में परस्पर शुभ दृष्ट हो तो वैवाहिक जीवन स्थिर रहता है। यदि सूर्य-चंद्रमा परस्पर 150° डिग्री, 180° डिग्री और 72° डिग्री पर हों तो ऐसी कुंडलियों में कभी भी तलाक हो सकता है। केतु जिस राशि में है उसका संबंध यदि मंगल से हो जाए तो वैवाहिक जीवन आदर्शहीन होगा। ऐसा जातक कभी-कभी बलात्कार का शिकार हो सकता है। स्त्री की कुंडली में सूर्य का सातवें स्थान पर पाया जाना ठीक नहीं। यह वैवाहिक जीवन के लिए कलहपूर्ण होता है। ऐसी छोटी-छोटी बातें भी वैवाहिक जीवन पर गहरा प्रभाव डालती हैं। केवल गुण मिला देने से या मंगलीक मिलान कर देने से वैवाहिक जीवन का पूरा निर्णय नहीं हो जाता है। इसके लिए कुंडली के सातवें भाव एवं उसके योगायोग का सूक्ष्मता से अध्ययन करना बहुत जरूरी है।

एक और महत्त्वपूर्ण बात यह है कि सातवें भाव को लेकर पुरुष जातक के

फलादेश व योगायोग अलग हैं तथा स्त्री जातक के फलादेश व योगायोग अलग बनते हैं अत: "स्त्री जातक को पढ़े बिना" उसका अध्ययन किए बिना सप्तम भाव का निष्कर्ष निकालना निरी मूर्खता है। वैवाहिक सुख के लिए स्त्री पुरुष दोनों की कुंडलियों पर गंभीरता से विचार होना चाहिए। मैंने व्यावहारिक जीवन में देखा है कि 36 गुण भी मिल गए पर दाम्पत्य जीवन नरक बना हुआ है। उदाहरणार्थ—पाली से एक सज्जन आए अपने एक मात्र पुत्र विनोद का विवाह (जन्म 10-12-66 रात्रि 2-25 पाली) एक अन्य उच्च धनपति की एकमात्र पुत्री निर्मला (11-1-69 समय 18-10 बलोतरा) से करने। किसी ज्योतिषी ने 33 1/2 गुण मिला दिए थे। उसकी पुष्टि करने के लिए वे हमारे कार्यालय में आए। मैंने सप्तम भाव पर दृष्टिपात करा कन्या निर्मला की कुंडली के सातवें भाव में सूर्य, शनि से दृष्ट था। मैंने कहा यह विवाह मत कीजिए, यदि किया तो इस विवाह की परिणति शीघ्र ही तलाक में होगी। उन सज्जन को यह बात अटपटी लगी। दक्षिणा दी और कुछ बड़बड़ाते हुए चले गए। कभी-कभी सत्य कह देना भी लोगों को प्रिय नहीं लगता। वे सज्जन जोधपुर में लगभग 25-30 ज्योतिषियों के यहां गए। सभी ने पत्रा देखा। प्राय: पंचांगों में 'मेलापक सारिणी' होती है। एक पंक्ति में कन्या के नक्षत्र दूसरी ओर वर के नक्षत्र, गुण मिलाए, मंगल देखा और चला छुट्टी हुई। 25-30 ज्योतिषियों ने यही किया। अपने-अपने लेटर पैड पर गुणं $33\frac{1}{2}$ लिख दिए। विवाह अतिश्रेष्ठ होगा लिख दिया, विवाह का मुहूर्त भी निकाल दिया। वे सज्जन विवाह की पूरी फाईल बनाकर मेरे पास पुन: आए। मेरा निर्णय बदलने के लिए। मैंने मुस्करा कर कहा—मेरा कार्य निष्ठा के साथ आपको सही सलाह देना है, आपको भ्रमित करना नहीं। यदि मत-बहुमत की राजनीति में उलझ जाओगे तो गड़बड़ हो जाएगी। 20 व्यक्तियों की पंक्ति में 10 व्यक्ति बहुमत के साथ ईर्ष्याग्रसित होकर सूर्य को चंद्रमा कह दें तो सूर्य चंद्रमा तो नहीं हो जाता है। बहुमत केवल मूर्खों का होता है, विद्वानों का नहीं।

खैर वे नहीं माने विवाह कर दिया। जनवरी 1990 में धूमधाम से विवाह हुआ तथा सितंबर 1990 तक लड़की, लड़-झगड़कर घर चली आई। समाज के बड़े लोगों ने बीच में पड़कर समझौता कराया। पति-पत्नी ज्यों ही एकत्रित हुए मार-पीट की ऐसी बाढ़ चली कि अंग-भंग हुए, पुलिस केस बना तथा जनवरी 1991 के पहुंचते-पहुंचते तलाक की स्थिति बनी। कागज अभी कोर्ट में पड़े हैं। वे सज्जन अब पश्चात्ताप के आंसू बहा रहे हैं।

विवाह के मामले में आजकल बहुत धोखा होता है। पुराने जमाने में लोग छोटे गांवों, ढाणी व कस्बे में रहते थे तथा अपने कुनबे में विवाह कर देते थे। अब छोटे गांवों से लोग बड़े-बड़े शहरों में चले गए। आजीविका हेतु अपने कुटुंब- परिवार से दूर,

उनकी महत्त्वाकांक्षाएं बढ़ गईं, जीवन का ध्येय बदल गया। लड़का-लड़की बहुत ज्यादा पढ़े-लिखे हो गए। समर्पण सेवा की भावनाएं समाप्त हो गईं, उनकी जगह अहंकार एवं अधिकार की भावनाएं उग्र हो गई हैं। टी० वी० संस्कृति और फिल्मों ने और भी संस्कार बिगाड़े हैं। अब हर लड़के के दिलोदिमाग में एक हिरोईन का नक्शा फिट है जो विवाह के बाद उसकी पत्नी में दिखाई नहीं देता। फलत: विवाह के बाद कलह बढ़ती है। योग्य व संस्कारी वर मिलना एक समस्या हो गई है। लड़कियां भी एम० ए० पी० एच० डी० हैं, सास-ससुर की सेवा करना, बर्तन मांजना, कपड़े धोना, झाड़ू पोछा, घर की चार-दीवारी में कैद रहना एवं ससुराल पक्ष के कुटुंबियों से निभाना, उसे रास नहीं, उन्हें तो एक ऐसा गुड्डा चाहिए जो उनकी चाबी से चले, उन्मुक्त जीवन हो, उनकी पर्सनल लाइफ में दूसरे का हस्तक्षेप न हो। इस संकीर्ण मनोवृत्ति का सारा श्रेय अंग्रेजी शिक्षा-दीक्षा को है। फलत: एक संभ्रांत परिवार के लिए संस्कारी कन्या को तलाश करना भी एक समस्या है।

विवाह कब होगा ?

सप्तम भाव को लेकर एक ज्योतिषी के पास सबसे पहले प्रश्न आता है कि शादी कब होगी ? किस दिशा में होगी ? ससुराल कैसा होगा ? घर-वर के बारे में प्रश्न उठते हैं।

शादी कब होगी, यह एक क्लिष्ट प्रश्न है। पुराने ग्रंथों के आधार पर इसे सुलझाया नहीं जा सकता क्योंकि देश-काल परिस्थितियां बदल गई हैं। पुराने जमाने में 12 वर्ष की कन्या का विवाह करना पुण्य कार्य समझा जाता था। रजस्वला होने के पूर्व कन्या का एवं 21 वर्ष की आयु के पूर्व लड़के का विवाह कानूनन अपराध है। अब लड़का भी जब तक एम० ए० न कर ले, एक-दो साल नौकरी न कर ले विवाह के लिए 'हां' नहीं करता। अत: सारी परिस्थितियों को नए समीकरण से देखना होगा। 'चमत्कार चिंतामणि' में विवाह की आयु निश्चित करने के लिए एक फार्मूला निम्न श्लोक में दिया है।

शुक्राच्चन्द्रात्सप्तमे यद् गृहं तत्
संख्या तुल्ये वत्सरे कें युते वा
स्यादुदाहो वत्सरे तद्दशान्ते
वंशोरूपं तत्पते श्चिन्तनीयम्॥

अर्थात् शुक्र या चंद्रमा से सातवें जो राशि हो उसकी संख्या के तुल्य वर्ष में जातक का विवाह होता है यदि यह उम्र कम है तो उसमें 12 और मिलाकर उस आयु में विवाह करना चाहिए। उसकी (शाशि पति) की दशा के अंत में वंश कहना, जीवन

साथी का रूप, गुण, स्वभाव (राशिपति) के स्वामी के अनुसार विवाह करके कहना चाहिए। यह फार्मूला कई बार मिलता है और कई बार नहीं भी मिलता। पर नितांत अंधेरे में यह सूत्र एक दीपक का कार्य करता है। निश्चय ही विवाह की आयु निश्चित करने के लिए हमें ज्यादा गहराई में उतरना होगा। दूसरे के लिए हमें तीन तथ्यों का सहारा लेना होगा।

(अ) विवाह समय निर्धारण के योगायोग—

(1) सप्तमेश शुभ राशि में, शुभग्रहों से दृष्ट हो तो, शुक्र उच्च या स्वग्रही हो तो विवाह 10 वर्ष की आयु के पूर्व होता है।

(2) सूर्य सातवें स्थान में सप्तमेश या शुक्र से युति करके बैठा हो तो 11 वें वर्ष में विवाह होता है।

(3) शनि मकर या कुंभ राशि में हो, शुक्र केंद्र में हो तो 11 वें वर्ष विवाह होता है।

(4) सप्तम स्थित शुक्र पर शुभ दृष्टि हो तो 12 वें वर्ष विवाह होता है।

(5) स्वग्रही सप्तमेश पर गुरु की दृष्टि हो तो 12 वें वर्ष विवाह होता है।

(6) लग्नेश सातवें, शुक्र केंद्र में हो तो 12 वर्ष की आयु में विवाह होता है।

(7) धनेश शुक्र हो, सप्तमेश 4/ 10/ 11/ 12 राशि में हो तो 10 से 16 वर्ष में विवाह होता है।

(8) धनेश लाभ में, लाभेश धन में परस्पर परिवर्तन योग करके बैठे हों तो 13 वर्ष की आयु में विवाह होता है।

(9) द्वितीयेश लाभ में तथा सूर्य धन में हो तो 13 वर्ष की आयु में विवाह हो जाता है।

(10) शुक्र दूसरे एवं सप्तमेश 11 वें हो तो 10 से 16 वर्ष की आयु में विवाह होता है।

(11) शुक्र केंद्र में हो तथा शनि उससे सातवें स्थान में हो तो 12 से 19 वर्ष के मध्य विवाह होता है।

(12) केंद्र में शुक्र उससे सातवां चंद्र हो तो 12 से 19 वर्ष की आयु के मध्य विवाह होता है।

(13) सप्तमेश व लग्नेश की युति बाल्यावस्था 14 वर्ष के भीतर विवाह करा देती है।

(14) सप्तमेश लाभ में लाभेश दसवें हो तो 15 वें वर्ष विवाह होता है।

(15) धनेश लाभ में लग्नेश दसवें हो तो 15 वें वर्ष विवाह होता है।

(16) जन्म लग्न में जिस राशि का नवांश हो उसका लग्नस्वामी केंद्र में हो तो 16 वर्ष की आयु में विवाह होता है।

(17) शुक्र चंद्रमा से सातवें हो, शनि शुक्र से सातवें हो जातक की 18 वर्ष की आयु में विवाह होता है ।

(18) राहु चौथे हो, शुक्र पांचवें में हो तो विवाह 21 से 33 वर्ष के मध्य में होता है ।

(19) लग्न से अष्टम भाव में या धन भाव में शुभग्रह हो तो 21 वें वर्ष में विवाह होता है ।

(20) लग्न, धन एवं सप्तम तीनों भाव शुभ ग्रहयुक्त हों, स्वराशियों से युक्त या शुभग्रहों से दृष्ट हों तो 21 वें वर्ष विवाह होता है ।

(21) चंद्रमा शुक्र से सातवें हो, बुध चंद्रमा से सातवें हो, तथा अष्टमेश पंचम भाव में हो तो जातक के तीन विवाह होते हैं । पहला विवाह दस वर्ष की आयु में तथा दूसरा विवाह 22 में एवं तीसरा विवाह 33 वर्ष की आयु में होता है ।

(22) शुक्र धन स्थान में तथा मंगल की अष्टमेश से युति हो तो विवाह 22 से 27 वर्ष की आयु में या उसके मध्य में होता है ।

(23) चंद्र से सातवे शुक्र एवं शुक्र की राशि का स्वामी ग्यारवें हो तो 27 वें विवाह होता है ।

(24) लग्नेश सातवें, नवाम नवमांश में सप्तमेश बारहवें हो तो 23 से 27 वें वर्ष के मध्य विवाह होता है ।

(25) (अ) सप्तमेश नवमे स्थान में हो, शुक्र तीसरे हो तो 27 से 30 के मध्य विवाह होता है ।

(26) पंचम में शुक्र, चौथे राहु और सातवें शनि हो तो विवाह 30 या 32 वर्ष की आयु में होता है ।

(27) भाग्य से नवम स्थान (पांचवें भाव) में शुक्र हो तथा शुक्र से नवम स्थान (लग्न) में राहु हो तो विवाह 31 से 32 के मध्य होता है ।

(28) शुक्र तीसरे एवं राहु दूसरे स्थान में हो तो 31 से 34 के मध्य विवाह होता है ।

(29) लग्न में जिस राशि का नवमांश हो उसमें शुक्र हो तथा आठवें भाव में जिस राशि का नवमांश हो वह राशि सातवें भाव में हो तो विवाह 33 वें वर्ष में होता है ।

(30) अष्टमेश स्वगृही हो तथा लग्नेश की शुक्र से युति हो तो 33 वें वर्ष में विवाह होता है ।

(31) सप्तमेश पापग्रह के साथ त्रिकोण (1/5/9) में हो तथा शुक्र भी पाप ग्रह के साथ दूसरे स्थान में हो तो विवाह 35 वर्ष की आयु में होता है ।

(32) लग्न, द्वितीय एवं सप्तम भाव में नीचराशि या शुभ शत्रुराशि में स्थित पाप ग्रह हो तो विवाह 36 वें वर्ष में होता है ।

(33) लग्नेश या सप्तमेश अपने स्थान में पांच या छः राशि के अंतर में हो तो विवाह 36 वें वर्ष में होता है ।

सप्तमेश को लेकर भी पूर्वाचार्यों ने विवाह की आयु निश्चित की है। स्त्री और पुरुष के मानदंड को लेकर यह आयु अलग-अलग है।अपने अनुभव को जोड़ कर हमने टेबल बनाई जिसके परिणाम इस प्रकार हैं।

विवाह योग्य आयु का निर्धारण

पुरुष जातक	ग्रह	स्त्री जातक
वर्ष 26	सूर्य	वर्ष 24
22	चंद्र	20
18	मंगल	16
16	बुध	14
24	गुरु	22
20	शुक्र	18
28	शनि	26

विशेष समझ

यह ध्यान में रखना चाहिए कि पुरुषों के लिए पत्नीकारक ग्रह शुक्र है जबकि स्त्रियों के लिए पतिकारक ग्रह बृहस्पति है। मंगलीक दोष में चाहे पुरुष हो या स्त्री दोनों का विवाह विलंब से ही होता है। उपरोक्त टेबल के अनुपात से यह ध्यान में रखें कि सप्तमेश यदि पापग्रह से पीड़ित या ग्रसित हो तो निर्धारित आयु से भी दो वर्ष बाद ही विवाह होगा। सप्तमेश पूर्ण शुभग्रह से युत हो तो निर्धारित आयु से दो वर्ष पूर्व विवाह होगा। इस प्रकार से यह भी ध्यान रखें सप्तमेश यदि पापग्रह से दृष्ट है तो निर्धारित आयु से दो वर्ष देरी से विवाह होगा शुभग्रह से दृष्ट है तो दो वर्ष पूर्व विवाह हो सकता है। ऐसी यदि सप्तमेश पापगृह से युत एवं दृष्ट दोनों है तो चार वर्ष देरी से विवाह होगा। यदि सप्तमेश शुभ ग्रह से युत एवं दृष्ट दोनों है तो चार वर्ष पूर्व विवाह होगा।

(ब) विवाह योग्य दशाएं–

कई बार ऐसा देखने में आता है कि शुभाशुभ योगों के होते हुए भी विवाह नहीं हो रहा है। इसका मुख्य कारण विवाह कारक ग्रहों की दशा का अभाव है। निम्न स्थितियों में जातक का विवाह होता ही है।

(1) सप्तमेश की दशा अंतर्दशा लगते ही जातक का विवाह हो जाता है।

(2) शुक्र से युक्त लग्नेश, द्वितीयेश या लाभेश की दशा में भी जातक का विवाह होता है।

(3) स्त्रियों को गुरु एवं पुरुष को शुक्र की दशा अंतर्दशा में विवाह होता है।

(4) द्वितीयेश जिस राशि में हो, उस राशि के स्वामी की दशा अंतर्दशा में विवाह होता है।

(5) सप्तमेश के साथ कोई ग्रह हो तो उसकी दशा अंतर्दशा में विवाह होता है।

(6) सप्तम भाव में स्थित ग्रह की दशा अंतर्दशा भी विवाह कारक होती है।

(7) विवाह योग्य आयु में दशमेश एवं अष्टमेश की दशा अंतर्दशा भी विवाह कराती है।

(8) शुक्र जिस राशि में हो उसके स्वामी यदि त्रिकेश (6, 8, 12) न हो तो उसकी दशा में भी विवाह होता है।

(9) कई बार शुक्र या गुरु शुभराशि, में हो तो उसकी दशा के मध्य भाग में विवाह होता है। पापी ग्रही यदि शुभ राशि में हो तो उसकी दशा के अंत भाग में जातक का विवाह होता है।

(स) गोचर ग्रहों से विवाह निर्धारण–

(1) गोचर का गुरु जब भी लग्न या सप्तम भाव में से गुजरे या उन्हें देखे तो जातक का निश्चित विवाह होता है।

(2) शुक्र से त्रिकोण (1/5/9) में या सातवें स्थान पर गोचर का गुरु विवाह कराता है।

(3) लग्नेश जिस राशि या राशि नवमांश में हो, इससे पंचम या नवम राशि में गोचर में शुक्र या सप्तमेश आने पर विवाह होता है।

(4) लग्नेश एवं सप्तमेश दोनों ग्रहों के स्पष्ट का योग करे तत्तुल्य राशि में गुरु आने पर विवाह होता है।

(5) इस प्रकार से चंद्रमा और सप्तमेश दोनों के ग्रह स्पष्टों का योग करें, तत्तुल्य राशि में गुरु आने पर विवाह होता है।

(6) लग्नेश जिस नवांश में हो, उसका स्वामी जिस राशि में हो उससे दूसरे स्थान में गोचर का चंद्रमा एवं गुरु आवे तब विवाह होता है।

(7) जन्म लग्न, तृतीय, सप्तम एवं एकादश भाव में गोचरीय क्रम से गुरु आवे तो विवाह कराता है।

(8) शुक्र के अष्टक वर्ग में जहां अधिक बिंदु हो उस स्थान पर से गुरु का भ्रमण जातक का विवाह कराता है।

(9) जन्मनक्षत्र से स्वामी या सप्तमेश के नक्षत्रस्वामी के ऊपर से अब अथवा उनसे 5/9 स्थान पर से गुरु जब गोचर में भ्रमण करता है तब जातक का विवाह अवश्य होता है।

विवाह दिशा विचार

विवाह कौन-सी दिशा में होगा ? इस पर भी पूर्वाचार्यों ने काफी चिंतन-मनन किया जिसके निष्कर्ष इस प्रकार हैं। जन्मकुंडली के लग्न में पूर्व चौथे भाव में उत्तर, सप्तम में पश्चिम और दशम भाव में दक्षिण, इसी प्रकार से दसों दिशाओं की स्थापना करनी चाहिए।

(1) चंद्रमा एवं सप्तमेश जिस दिशा में हो, इनमें से जो बलवान हो जातक का ससुराल उसी दिशा में होगा।

(2) सप्तमेश, सप्तम भाव में स्थित ग्रह और शुक्र बलवान हो उसकी स्थिति की दिशा में जातक का ससुराल होगा।

(3) चंद्रमा सातवें हो तथा चंद्र राशि का स्वामी मंगल या अन्य पाप ग्रहों से दृष्ट हो अथवा पापग्रह चंद्रराशि से त्रिकोण में हो तो जातक का विवाह जन्म स्थान (प्रदेश) में न होकर जन्म से दूरस्थ स्थान में होता है।

(4) चंद्रमा सातवें हो तथा चंद्रराशि का स्वामी मंगल से दृष्ट हो तो जातक का विवाह विज्ञापन या प्रचार माध्यम से होता है।

मंगलीक दोष कारण और निवारण

जब भी जीवन साथी के चुनाव हेतु ग्रहमेलापक, "मुंडली मिलान", गण गुण मिलान की चर्चा होगी; तब सबसे पहले मंगलदोष, मंगलीक कुंडली, कुजदोष की बात सबसे पहले उठेगी। मंगलदोष पर कोई व्यवस्थित, पारिभाषिक अनुक्रमणिक कोई पुस्तक हमें नहीं मिलती। अनेक प्रकीर्ण श्लोकों एवं जनश्रुतियों के माध्यम से मंगलीक दोष का होवा इतना फैल गया है कि मंगल के मिलान पर महत्वपूर्ण निर्णय अटक कर रह जाते हैं।

एक श्लोक के आधार पर जहां कोई कुंडली मंगलीक बनती है वहीं उस श्लोक परिहार (काट) के अनेक प्रमाण हैं। ज्योतिष और व्याकरण का सिद्धांत है कि "पूर्ववर्ती कारिका" से "परवर्तीकारिका" बलवान होती है। मंगलीक दोष के प्रसंग में पूर्ववर्ती कारिका तो सबको याद है परंतु परवर्ती कारिकाएं उपेक्षित हैं। ज्योतिषी वर्ग या तो उन्हें देखता नहीं या फिर जानता नहीं। फलत: अमंगली जन्म कुंडलियां मंगलीक घोषित कर दी जाती हैं। कई सज्जन मंगलीक लड़का मिलेगा या नहीं, इस भय से अपनी बच्ची की असली जन्म कुंडली छिपा देते हैं या फिर किसी परिचित ज्योतिषी से बिना मंगल वाली नई कुंडली बनवा लेते हैं। पर ऐसा करने से ग्रहों का प्रभाव तो नहीं बदलेगा। अब समय आ गया है जब किसी प्रबुद्ध ज्योतिषी को ही आगे आकर मंगल के संबंध में फैली भ्रांत धारणाओं को दूर करना होगा। तथा मंगल दोष परिहार के सभी शास्त्र-वचनों को संकलित कर उद्धृत करना होगा।

दाम्पत्य जीवन को सुखमय व समृद्धिमय बनाने की लोक कामना, मांगलीक दोष से उत्पन्न, मरण, वैधव्य, संतानहीनता, कलह, रोग भय से संत्रस्त रहती है। आज के युग में जब कि विज्ञान की समृद्धि हुई तब पराविज्ञान की पराकाष्ठा का ह्रास हो गया है। जन्माक्षर तो क्वचित् ही लोगों के होते हैं और फिर दहेज प्रथा के दारुण भय से संत्रस्त मध्यम वर्गीय एवं धनी परिवार भी येन-केन-प्रकारेण वर कन्या परिणय पर उतारू होते हैं।

विवाह के कुछ काल पश्चात्, मानसिक तनाव, तलाक, गृह कलह, आत्मदाह, संतान का न होना और कई तरह से दाम्पत्य जीवन में बाधक घटनाएं जब बढ़ती हैं तो विचार होता है कि हमारे ऋषियों ने इसके बारे में पहले ही सोचा व निदान किया था। इस विषय में हम "चंडमार्तण्ड पंचांग" एवं अज्ञात दर्शन पत्रिका में कई बार लेख प्रकाशित कर चुके हैं पर आइए आज फिर हम मंगलीक दोष के कारण और निवारण पर विस्तृत विचार करें।

प्रश्न—मंगलीक कुंडली किसे कहते हैं? चुनरी मंगल और मौलियां मंगल क्या होता है?

सर्वार्थचिंतामणि, चमत्कार-चिंतामणि, देवकेरल्लम्, अगस्त्यसंहिता, भावदीपिका जैसे अनेक ज्योतिष ग्रंथों में मंगल के बारे में एक प्रशस्त श्लोक मिलता है—

लग्ने व्यये च पाताले, जामित्रे चाष्टमे कुजे।
कन्याभर्तु विनाशाय भर्तुः कन्या विनाशकृत्॥

अर्थात् जन्म कुंडली के लग्न स्थान से 1/4/7/8/12 वें स्थान में मंगल हो तो ऐसी कुंडली **"मंगलीक"** कहलाती है। पुरुष जातक की कुंडली में यह स्थिति हो तो वह कुंडली **"मौलि यां मंगल"** वाली कुंडली कहलाती है तथा स्त्री जातक की कुंडली उपरोक्त ग्रह-स्थिति को **"चुनरी मंगल वाली कुंडली"** कहते हैं। इस श्लोक के अनुसार जिस पुरुष की कुंडली में **"मौलियां मंगल"** हो उसे **"चुनरी मंगल"** वाली स्त्री के साथ ही विवाह करना चाहिए। इसी प्रकार मंगलीक स्त्री को भी मंगलीक पुरुष के साथ ही विवाह करना चाहिए अन्यथा पति या पत्नी दोनों में से एक की मृत्यु हो जाती है। यह श्लोक कुछ अतिश्योक्ति पूर्ण लगता है परंतु कई बार इसकी अकाट्य सत्यता नवदंपत्ति के वैवाहिक जीवन पर अमिट बदनुमा दाग लगाकर छोड़ जाता है। उस समय हमारे पास पश्चाताप के सिवाय कुछ नहीं रहता। ज्योतिष सूचनाओं व संभावनाओं का शास्त्र है। इसका सही समय पर जो उपयोग कर लेता है वह धन्य हो जाता है और जो सोचता है वह सोचता ही रह जाता है, उसके पास सिवाय पछतावे के

कुछ शेष नहीं रहता।

प्रश्न—क्या चंद्रमा से भी मंगल देखना चाहिए?

बहुत जगह यह प्रश्न (विवाद) उठ खड़ा होता है क्या लग्न कुंडली की तरह चंद्रकुंडली से भी मंगल का विचार करना चाहिए। क्योंकि उपरोक्त श्लोक में **"लग्ने"** शब्द दिया हुआ है यहां चंद्रमा का उल्लेख नहीं है। इस शंका के समाधान हेतु हमें परवर्ती दो सूत्र मिलते हैं।

"लग्नेंदुंयां विचारणीयम्।"

अर्थात् जन्म लग्न से एवं जन्म के चंद्रमा दोनों से मंगल की स्थिति पर विचार करना चाहिए।

और भी कहा है—

चंद्रालग्न व्ययाष्टमे मदसुखे राहु : कुजार्की तथा।
कन्या चेदवरनाशकृत् वर वधु हानि घ्रुवं जायते॥

यदि जन्म चक्र एवं जन्म समय का ज्ञान न भी हो तो नाम राशि से जन्म तारीख के ग्रहों को स्थापित करके अर्थात् चंद्रकुंडली बनाकर मंगल की स्थिति पर विचार किया जा सकता है। इस बारे में स्पष्ट वचन मिलता है—

"अज्ञात जन्मनां नृणां, नामभे परिकल्पना।
तैनैव चिंतयेएत्सर्वं, राशिकूटादि जन्मवत्॥"

परंतु यदि एक जातक का जन्मचक्र मौजूद हो और दूसरे का न हो तो दोनों की परिकल्पना भी नामराशि से ही करनी चाहिए। एक का जन्म से, दूसरा नाम से ऐसा नहीं करना चाहिए। "जन्मभं जन्मधिषण्ये, नामधिंष्णमे नामभम् : व्यत्ययेन यदायोज्यं, दंपत्योर्निधनं ध्रुवम्," । अत: आज के युग में तात्कालिक समय में भी मंगलीक दोष की गणना संभव है अस्तु।

प्रश्न—भौम पंचक दोष किसे कहते हैं? क्या शनि, राहु व अन्य क्रूर ग्रहों के कारण कुंडली मंगलीक कहलाती है?

मंगल, शनि, राहु, केतु, सूर्य ये पांच ग्रह क्रूर होते हैं। यदि उपरोक्त स्थानों में इनकी स्थिति व सप्तमेश की 6/8/12 वें घर में स्थिति भी मंगलीक दोष को उत्पन्न करती है। यह भौम पंचक दोष कहलाता है।

द्वितीय भाव भी उपरोक्त ग्रहों से दूषित हो तो भी उसके दोश शमनादि पर विचार अभीष्ट है।

विवाहार्थ द्रष्टव्य भावों में दूसरा, 12वां भाव का विशेष स्थान है। दूसरा कुटुंब वृद्धि से संबंधित है। 12 वां भाव शय्या सुख से। चतुर्थ भाव में मंगल, घर का सुख

नष्ट करता है । सप्तम भाव पत्नी का स्थान है, वहां पत्नी व पति सुख को नष्ट करता है । लग्न भाव शारीरिक सुख है अत: अस्वस्थता भी दांपत्य सुख में बाधक है । अष्टम भाव गुदा व लिंग योनि का है अत: वहां रोगोत्पति संभव है ।

(1) लग्न में मंगल अपनी दृष्टि से 1,4,7,8 भावों को प्रभावित करेगा । यदि दुष्ट है तो शरीर, सौख्य, पति व गुप्तांग को प्रभाव से बिगाड़ेगा । रति सुख में कमी करेगा । दांपत्य सुख बिगाड़ेगा ।

(2) इसी तरह सप्तमस्थ मंगल, पति, पिता शरीर और कुटुंब सौख्य को प्रभावित करेगा । सप्तम में मंगल पत्नी के सुख को नष्ट करता है जब गृहिणी (घर वाली) ही न रहे तो घर कैसा ?

(3) चतुर्थस्थ मंगल-सौख्य, पति, पिता और लाभ को प्रभावित करेगा । चतुर्थ में मंगल घर का सुख नष्ट करता है ।

(4) लिंगभूल से गुदावधि अष्टम भाव होता है । अष्टमस्थ मंगल -इंद्रियसुख, लाभ, आयु को व भाई बहनों को गलत ढंग से प्रभावित करेगा ।

(5) द्वादश भाव शयन सुख कहलाता है । शय्या का परमसुख कांता है । बारहवें मंगल शयन सुख की हानि करता है । धनस्थ मंगल-कुटुंब संतान, इंद्रिय सुख, आवक व भाग्य को, एकमत से पिता को प्रभावित करेगा ।

अत: इन स्थानों में मंगल की एवं अन्य क्रूर ग्रहों की स्थिति नष्ट मानी गई है । **"खासकर अष्टमस्थे ग्रहोनूनं न स्त्रियां शोभनोमत:"** (स्त्रीजातक) अत: अष्टम और सप्तमस्थ मंगल का दोष तो बहुत प्रभावी है ।

स्त्रियों की कामवासना का मंगल से विशेष संबंध है । यह रज है । मासिक धर्म की गड़बड़ियां प्राय: इसी से दूषित होती हैं । पुरुष की कामवासना का संबंध शुक्र (वीर्य) से है । मंगल रक्तवर्णीय है और शुक्र श्वेत वर्णीय है । इन दोनों के शुद्ध होने व समागम से ही संतान पुष्ट और वीर्यवान् होती है । अगर कुंडली में किसी भी दृष्टि से मंगल व शुक्र का संबंध न हो तो संतानोत्पति दुष्कर है । विवाह का एक मुख्य लक्ष्य संतानोत्पत्ति भी है । (ऋतु = शुक्र, रेतस मंगल) संतान के बिना स्त्री-पुरुष दोनों ही अपूर्ण व अधूरे से रहते हैं ।

ऋतु रेतो न पश्येत, रेतसं न ऋतु स्तथा।
अप्रसूतो भवेज्जात: परिणीता बहुस्त्रियां ॥

मंगल मकर में उच्च का होता है और शुक्र मीन में । संस्कृत में कामदेव को **"मकरध्वज"** नाम से संबोधित किया है; और उसको मीन केतु भी कहा है जिसकी ध्वजा में मीन है । मीन व मकर दोनों जल के प्राणी हैं । कामदेव को भी जल तत्व प्रधान माना है । बसंत पंचमी को प्राय: शुक्र जब अपनी मीन राशि में आता है तब इसका जन्म

माना जाता है। फूलों में पराग ही का जन्म रजोदर्शन है। वह कन्याओं के प्रथम रजोदर्शन से काम प्राणस्थ हो गया इसका सूचक है। रजोदर्शन ही बसंत है जो कि जवानी का प्रतीक माना गया है **"कामः पंच शरस्मृतः"** कामदेव के पांच बाण हैं। शब्द, स्पर्श, रूप, रस और गंध। इन सबमें उस समय कन्या के कौमार्य की छटा निखरकर, वह बासन्ती बन जाती है तब कामोपभोग योग्य बनती है। अतः मंगल रक्त विकास और रक्त की वृद्धि दोनों में सहायक है जैसी इसकी स्थिति हो। सप्तम भवन पति-पत्नी, कामदेव व रतिक्रीड़ा का है अतः इन सब बातों का विचार यहीं से होता है।

प्रश्न—क्या द्वितीयस्थ मंगल को भी मंगल दोष में गिना जाएगा?

जन्म कुंडली में द्वितीय भाव कुटुंब, दक्षिण नेत्र, धन, वाणी, वाक्य चतुर्थ एवं मारकस्थान का माना गया है। द्वितीय भावस्थ मंगल वाणी में दोष, कुटुंब में कलह कराता है। द्वितीय भाव में स्थित मंगल की पूर्ण दृष्टि पंचम, अष्टम एवं नवम भाव होती है। फलतः ऐसा मंगल संतति, स्वास्थ्य (आयु) एवं भाग्य में रुकावट डालता है। कहा भी है—

भवेत्तस्य किं विद्यमाने कुटुंबे,
धने वा कुजे तस्य लब्धे धने किम्
यथा त्रोटयेत् मर्कटः कण्ठहारं
पुनः सम्मुखं को भवेद्धादभग्नः ॥ *—जीवनाथः*

द्वितीय भाव में मंगल वाला कुटुंबी क्या काम का? क्योंकि उसके पास धन-वैभव होते हुए भी वह (जातक) अपने स्वयं का या कुटुंब का भला ठीक उसी तरह से नहीं कर सकता, जिस तरह से बंदर अपने गले में पड़ी हुई बहुमूल्य मणियों के हार के सुख व उपयोग को नहीं पहचान पाता? बंदर तो उस मणि माला को साधारण-सूत्र समझकर तोड़ कर फेंक देगा। किसी को देगा भी नहीं। द्वितीय मंगल वाला व्यक्ति ठीक इसी प्रकार से प्रारब्ध से प्राप्त धन को नष्ट कर देता है तथा कुटुंबी जनों से व्यर्थ का झगड़ा करता रहता है। द्वितीय भावस्थ मंगल जीवन साथी के स्वास्थ्य को अव्यवस्थित करता है तथा परिजनों में अनपेक्षित विवाद उत्पन्न करता है। अतः द्वितीयस्थ मंगल वाले व्यक्ति से सावधानी अनिवार्य है। परंतु मंगलदोष मेलापक में द्वितीयस्थ मंगल को स्थान नहीं दिया गया है, यह बात प्रबुद्ध पाठकों को भली-भांति जान लेनी चाहिए।

प्रश्न—डबल व त्रिबल मंगलीक क्या होता है? कैसे होता है?

प्रायः ज्योतिषी लोग कहते हैं कि यह कुंडली तो डबल मंगलीक, त्रिबल मंगलीक है। मंगल डबल कैसे हो जाता है। यह कौन सी विधि (गणित) है। इस का समाधान

इस प्रकार है ।

(1) जब किसी कुंडली के 1/4/7/8/ या 12वें भाव में मंगल हो तो वह कुंडली मंगलीक कहलाती है । इसे हम (सिंगल) मंगलीक कह सकते हैं ।

(2) इन्हीं भावों में यदि मंगल अपनी नीच राशि में होकर बैठा हो तो मंगल द्विगुणित प्रभाव डालेगा तो ऐसे में वह कुंडली डबल (द्विगुणित) मंगलीक कहलाएगी ।

(3) अथवा 1/4/7/8/12 भावों में शनि, राहु, केतु या सूर्य इनमें से कोई ग्रह हो तथा मंगल भी इन्हीं भावों में हो तो कुंडली डबल (द्विगुणित) मंगलीक कहलाएगी ।

(4) मंगल नीच का 1/4/7/8/12 भावों में हो, साथ में यदि राहु, शनि, केतु या सूर्य हो तो ऐसे में यह कुंडली त्रिबल (ट्रिबल) मंगलीक कहलाएगी क्योंकि मंगल दोष इस कुंडली में तीन गुना बढ़ गया है ।

(5) इस प्रकार से एक कुंडली अधिकतम पंचगुणित मंगल दोष वाली हो सकती है । इसमें हमें कोई आश्चर्य नहीं करना चाहिए ।

अब कुछ उदाहरण देखें ।

त्रिबल मंगलीक (वैधव्य योग)

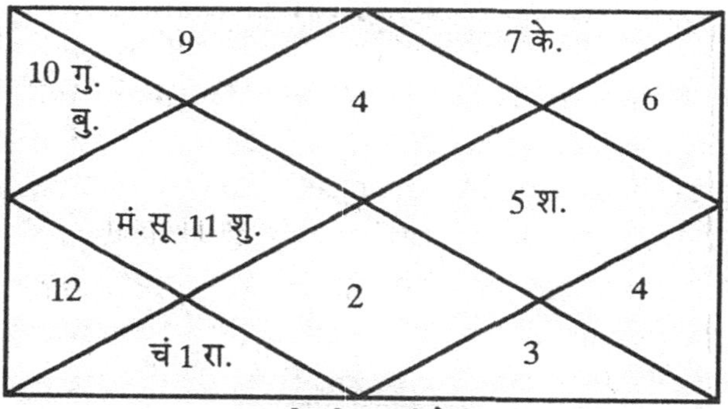

श्रीमती गायत्री देवी

6-3-1949, समय 1.28.30; रात्रि, स्थान- जोधपुर (राज०)

प्रस्तुत कुंडली मध्यम परिवार में जन्मी एक महिला की है । सूर्य + मंगल चतुर्थ में एवं केतु बारहवें भाव में होने से यह कुंडली त्रिबल मंगलवाली है ।

विवाह काल में मिलान की ओर ज्यादा ध्यान नहीं दिया गया फलत: जातक का दाम्पत्य जीवन घोर कलहपूर्ण रहा । सन् 1979 चंद्रमा की दशा में, ठीक तीस वर्ष की आयु में इनके पति गुजर गए और जातक वैधव्य जीवन भोग रही है ।

डबल मंगलीक (वैधव्य योग)

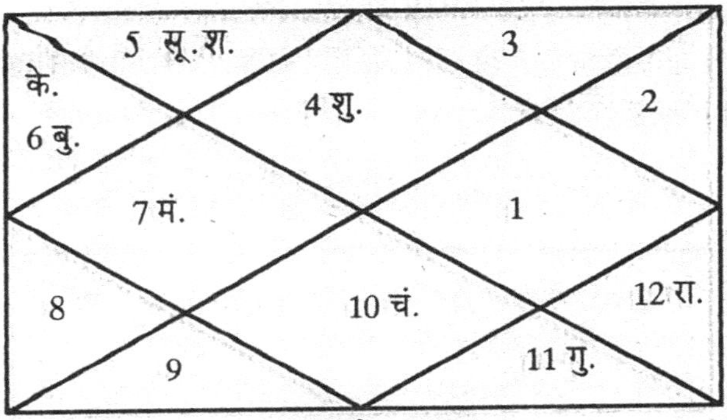

श्रीमती मेनका गांधी

जन्म- 26-8-1950; समय- 04-10 प्रातः ; स्थान - दिल्ली

यह कुंडली स्व० श्रीमती इंदिरा गांधी की पुत्रवधु की है। मंगल चौथे स्थान में द्वितीय भाव में सूर्य एवं शनि होने से यह डबल मंगलीक कुंडली है। राहु की महादशा में ठीक 29 वर्ष की आयु में 22-6-80 को इनके पति की मृत्यु एक हवाई दुर्घटना में हुई।

कुग्रहों का प्रभाव छोटा-बड़ा, गरीब-अमीर सभी लोगों पर बराबर पड़ता है। इसका यह प्रत्यक्ष प्रमाण है।

त्रिबल मंगलीक (तलाक योग)

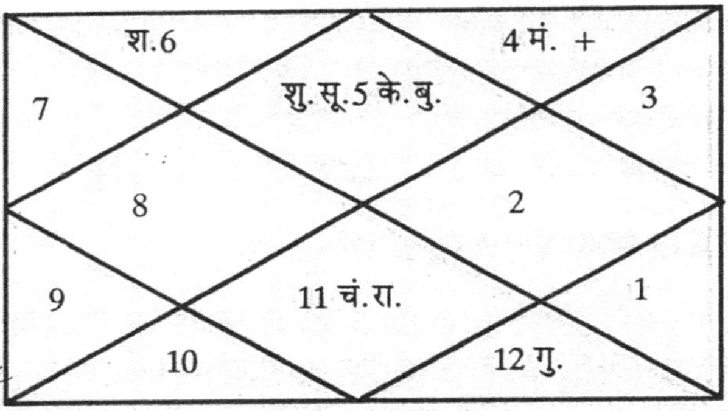

श्रीमती डॉ० कुसुम मंगल

जन्म तारीख- 15-9-1951; जन्म समय -04-27-24; स्थान- जोधपुर

प्रस्तुत कुंडली एक संभ्रांत विदुषी महिला की है। मंगल नीच राशि का द्वादश होने से डबल तथा राहु सप्तम में होने से त्रिबल सूर्य लग्न में होने से चौबल (चतुर्गुणित) मंगलीक कुंडली है। पहला प्रभाव विलंब विवाह 32 वर्ष की आयु 15-5-83 को हुआ। पति पढ़ा लिखा डॉक्टर होने के बावजूद, दांपत्य कलह के कारण 21-7-92 को दोनों का आपस में तलाक हो गया।

त्रिबल मंगलीक (कलहपूर्ण दांपत्य जीवन)

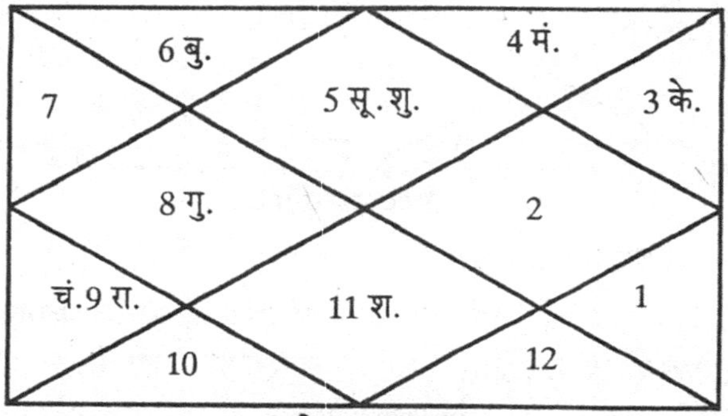

श्री दाऊलाल गुप्ता
तारीख 25-8-1935; समय 6-30, जोधपुर

प्रस्तुत जन्मकुंडली साधारण परिवार में जन्मे संघर्षशील व्यक्ति की है। विवाह जीवन के 40 बसंत बीत जाने पर हुआ। सप्तम में शनि एवं द्वादश में नीच का मंगल, लग्न में सूर्य **"त्रिबल मंगलीक"** होने के कारण पत्नी लड़ाकू मिली। शनि जिद्दी ग्रह है, मंगल भी सप्तम भाव को पूर्ण दृष्टि से देख रहा है। फलत: पत्नी जिद्दी एवं एक नंबर की लड़ाकू, पति पर हाथ उठाने वाली मिली। 1975 में शादी हुई। 1977 में कोर्ट केस बना। जातक को पांच माह जेल में रहना पड़ा। पत्नी अलग रहती है। तलाक नहीं हुई पर फिर भी जब इच्छा हो लड़ने-झगड़ने आ धमकती है। यह कुंडली ज्योतिष प्रेमियों के लिए विशेष रूप से विचारणीय है। जातक के अभी तक कोई संतान नहीं है।

मंगलीक दोष निवारण के कुछ बहुमूल्य सूत्र—

उपरोक्त सभी सूत्र जब हम प्रत्येक कुंडली पर लगाएंगे तो अधिकतर 80% जन्म कुंडिलियां मंगलदोष वाली ही दिखलाई पड़ेंगी। इससे घबराने की कोई आवश्यकता नहीं क्योंकि परवर्ती कारिकाओं में मंगल-दोष परिहार के इतने प्रमाण मिलते हैं कि इनमें से आधी से ऊपर कुंडलियां तो स्वत: ही **"परिहार वचनों"** से मंगल होते हुए भी **"मंगलीक दोष"** रहित हो जाती हैं। तथा इन्हीं वचनों से आधी से ऊपर

कुंडलियों का **"मंगल मिलान"** भी हो जाता है । अर्थात् यदि पुरुष की कुंडली में 1/4/7/8/12 भावों में मंगल तथा स्त्री कुंडली में 1/4/7/8/12 भावों में शनि, राहु या सूर्य हो तो मंगल का मिलान हो जाता है । इसमें कुछ भी परेशानी नहीं है । सारी समस्याएं स्वत: ही समाप्त हो जाती हैं । उनमें से कुछ सूत्र इस प्रकार हैं ।

(1) **अजे लग्ने, व्यये चापे, पाताले वृश्चिके स्थिते ।**
वृषे जाये, घंटे रंध्रे, भौम दोषो न विद्यते ॥

मेष का मंगल लग्न में, वृश्चिक का चौथे भाव में, वृषभ का सप्तम में, कुंभ का आठवें भाव में, धनु का द्वादश भाव में हो तो भौम दोष नहीं रहता ।

(2) **नीचस्थो रिपु राशिस्थ: खेटो भाव विनाशक: ।**
मूल स्व तुंग मित्रस्थो भाव वृद्धि करोत्यलम् *(जातक परिजात)*

अत: स्व (1,8) मूल त्रिकोण, उच्च (10) मित्रस्य (5,9,12,4) राशि अर्थात् सूर्य, गुरु और चंद्र क्षेत्री हो तो भौम का दोष नहीं रहता ।

(3) **अर्केंदु क्षेत्र जातानां, कुजदोषो न विद्यते ।**
स्वोच्च मित्रभ जातानां तद् दोषो न भवेत् किल ॥

सिंह लग्न और कर्क लग्न में भी लग्नस्थ मंगल का दोष नहीं है ।

(4) **शनि भौमोऽथवा कश्चित्, पापोवा तादृशोभवेत् ।**
तेष्वेव भवनेष्वेव, भौम दोष विनाश कृत् ॥

शनि, मंगल अथवा कोई भी पाप ग्रह राहु, सूर्य केतु, अगर 1,4,7,8,12वें भाव में कन्या जातक के हो और उन्हीं भावों में वर के भी हो तो भौमस्थदोष नष्ट होता है । मंगल के स्थान पर दूसरी कुंडली में शनि या पांच ग्रहों में से एक भी उस दोष को काटता है ।

(5) **यामित्रे च यदा सौरि लग्ने वा हिबुकेऽथवा ।**
अष्टमे द्वादशे वापि भौम दोष विनाशकृत् ॥

शनि यदि 1/4/7/8/12वें भाव में एक की कुंडली में हो और दूसरे की कुंडली में इन्हीं स्थानों में से किसी स्थान में मंगल हो तो भौम दोष नष्ट हो जाता है ।

(6) **केंद्रे कोणे शुभाद्ये च त्रिषडायेऽप्यसद् ग्रहा: ।**
तदा भौमस्य दोषो न, मदने मदपस्तथा ॥

3/6/11वें भावों में अशुभ ग्रह हों और केंद्र 1/4/7/10 व कोण 9/5 में शुभ ग्रह हो तथा सप्तमेश सातवें हो तो मंगल का दोष नहीं रहता ।

(7) **सबले गुरौ भृगौ वा लग्ने द्यूनेऽपिवा भौमे ।**
वक्रिणी नीच गृहे वाऽर्क स्थेऽपि वा न कुज दोष: ।

गुरु व शुक्र बलवान हो, फिर भले ही 1/4/8/12 के भाव में मंगल हो, चाहे वक्री हो, चाहे नीच हो या सूर्य की राशि में स्थित हो, मंगलीक दोष नहीं होता।

(8) **वाचस्पतौ नवम पंचम केंद्र संस्थे,**
जातांगना भवति पूर्ण विभूति युक्ता।
साध्वी, सुपुत्र जननी सुखिनी गुणाढ्याः,
सप्ताष्टके यदि भवेदशुभग्रहोऽपि ॥

कन्या की कुंडली में गुरु यदि 1/4/5/7/9/10 भावों में हो फिर उसके 1/4/7/8/12 भावों में मंगल कहीं भी हो तो भी उसकी मंगलीक दोष नहीं लगता, अपितु वह उसके सुख सौभाग्य को बढ़ाने वाला होता है।

(9) **त्रिषट् एकादशे राहू, त्रिषट् एकादशे शनिः।**
त्रिषट् एकादशे भौमः सर्वदोष विनाशकृत् ॥ *—मानसागरी*

3/6/11वें भावों में राहू, मंगल या शनि में से कोई ग्रह दूसरी कुंडली में हो तो भौम दोष नष्ट हो जाता है।

(10) चंद्र, गुरु या बुध से मंगल युति कर रहा हो तो भौम दोष नहीं रहता परंतु इसमें चंद्र व शुक्र का बल जरूर देखना चाहिए।

(11) **द्वितीये भौम दोषस्तु कन्या मिथुन योर्विना।**

द्वितीय भाव में बुधराशि (मिथुन व कन्या) का मंगल दोषकृत नहीं है। ऐसा वृषभ व सिंह लग्न में ही संभव है।

(12) **चतुर्थे कुज दोष स्याद्, तुला वृषभ योर्विना।**

चतुर्थ भाव में शुक्र राशि (वृषभ-तुला) का मंगल दोषकृत नहीं है। ऐसा कर्क और कुंभ लग्न में ही योग बनेगा।

(13) **अष्टमो भौम दोषस्तु धनुमीन द्वयोर्विना ॥**

अष्टम भाव में गुरु राशि (धनु-मीन) का मंगल दोषकृत नहीं है। ऐसा वृष लग्न और सिंह लग्न में होगा।

(14) **व्ययेतु कुज दोष स्याद्, कन्या मिथुन योर्विना।**

बारहवें भाव में मंगल का दोष बुधराशि (मिथुन, कन्या) में नहीं होगा। ऐसा कर्क लग्न और तुला लग्नों में होगा।

(15) **स्थान पंचक गो दोषः, कुजस्य गुरुणाऽथवा।**
बुधेन सह संस्थित्या, तद् दोषो नैव संभवेत् ॥

शनि, राहु, सूर्य, केतु, मंगल इन पांचों ग्रहों के 1/4/7/8/12 भावों में स्थिति का मंगलीक दोष, मंगल की गुरु या बुध के साथ युति होने पर नष्ट हो जाता है। इसी

तरह मं०सू०श०रा० के० ये 5 ग्रहों का भौम पंचक दोष भी नष्ट हो जाता है ।

(16) चर राशि गतौ भौमः चतुरष्ट व्यये द्वये।
तदा न कुज दोष स्यात् सर्वत्र शुभदो भवेत्।

1/4/7/8/12 भावों में मंगल यदि चर राशि मेष, कर्क, मकर का हो तो कुछ दोष नहीं होता ।

(17) दंपत्योर्जन्म काले, व्यय, धन हिबुके, सप्तमे लग्न रंध्रे।
लग्नाच्चंद्राच्च शुक्रादपि भवति यदा भूमि पुत्रो द्वयोर्वै॥
दम्पत्यात्पुत्र प्रापति भर्वति धनपति दैम्पति दीर्धकालं,
जीवेतामेषयोगेन भवति मृतिरिति प्राहुरत्रात्रि मुख्याः ॥

दंपत्ति के 1/4/7/8/12 वें स्थानों में मंगल जन्म लग्न से व चंद्र लग्न से व शुक्र लग्न से हो । दोनों के ऐसा होने पर वे दीर्घकाल तक जीवित रहकर पुत्र धनादि को प्राप्त करते हैं ।

(18) भौमेन सद्दशो भौम पापो वा तादृशोभवेत्।
विवाहः शुभदः प्रोक्तः चिरायुः पुत्र पौत्रदः ॥

मंगल के जैसा ही मंगल व वैसा ही पापग्रह (सू०श०रा०के) दूसरी कुंडली में हो तो विवाह करना शुभ है वह पुत्र पौत्र देने वाला है ।

(19) कुजजीव समायुक्तो युक्तो वा कुज चंद्रमा।
चंद्र केंद्र गते वापि, तस्य दोषो न मंगली॥

गुरु और मंगल की युति हो, या मंगल चंद्र की युति हो । या चंद्र केंद्रगत हो तो मंगलीक दोष नहीं होता ॥

न मंगली मंगल राहू भोगे, न मंगली चन्द्र गतस्य केन्द्रे
(20) न मंगली यस्य भृगु द्वितीये, न मंगली यस्य पश्यति जीव।

शुक्र दूसरे घर में हो, या गुरु की दृष्टि मंगल पर हो गुरु मंगल के साथ हो, या मंगल की राहु से युति हो या चंद्र केंद्रगत हो तो मंगली दोष नहीं होता ।

(21) सप्तमस्थो यदा भौम, गुरुणा च निरीक्षितः।
तदातु सर्व सौख्यम् च, मंगली दोष नाशकृत्॥

सातवें भवन में मंगली यदि गुरु से देखा जाए तो मंगलीक दोष नष्ट करके सर्व सुख देता है ।

(22) केतु का फल मंगलवत् होता है अतः अश्विनी, मघा मूल नक्षत्रों में मंगल हो तो भी मंगलीक दोष नहीं रहता । जातक चंद्रिका

(23) मंगल शुक्र राशि (2-7) में हो और सप्तमेश बली होकर केंद्र या त्रिकोण में हो तो मंगलीक दोष नहीं रहता ।

मिलान के सर्वशुद्ध नियम—

कुंडली मिलान की सही विधि बहुत कम लोगों को ध्यान में है । मिलान करते समय कभी भी जल्दबाजी से काम न लें । यह दो प्राणियों के जीवन मरण का प्रश्न है । मंगलीक कुंडली का परस्पर मिलान करते वक्त ज्योतिर्विज्ञों को उपरोक्त श्लोकों का सार ध्यान में लाना चाहिए । परस्पर दोनों कुंडलियों में उपरोक्त स्थितियों का मिलान हो तो ग्रह एक-दूसरे से उत्पन्न दोषों को काट देते हैं । परंतु मात्र शनि व मंगल से बनने वाले दोष प्रभावी रहते हैं । मिलान में समान ही स्थानों (भावो) के चक्कर में आकर कभी भी अगर दोनों कुंडलियों में 7 वें में मंगल स्थित हो तो भी मिलान शुद्ध न मानें, ऐसी अवस्था में दोनों के गुप्तांग दूषित रहेंगे व दाम्पत्य जीवन कष्टपूर्ण रहेगा ।

(2) यदि एक के मंगल 7 वें हो दूसरे के 8 वें हो तो भी मिलान न करें ।

(3) समान भाव में स्थित मंगलों से दोनों के जीवन में वह दोष वृद्धि को ही पाएगा ।

(4) सप्तमेश एवं शुक्र पर, तथा सप्तमेश व गुरु पर पड़ने वाले कुप्रभाव हों तो भी मिलान न मानें इससे तलाक व कलह प्रभावित रहेंगे ।

(5) शेष स्थितियों में मिलान श्रेयस्कर होगा ।

(6) मंगल व सप्तमेश किन नक्षत्रों की दशा में स्थित हैं उनका भी मिलान के वक्त ज्ञान कर लेना सूक्ष्मत: प्रभावी होगा । यदि कारक व शुभ ग्रह नक्षत्रों में स्थिति होगी तो मिलान सुंदर अन्यथा मध्यम व अन्य योगों में कनिष्ठ रहेगा । अत: कुंडली का मिलान करने वालों को ऐसे स्थाई मामलों में सुयोग्य ज्योतिषी की सलाह ही लेनी चाहिए व भावी जीवन में दंपत्ति का जीवन सुखमय हो यह परोपकार लक्ष्य में रख लेना चाहिए ।

(7) उचित तांत्रिक व मांत्रिक प्रयोगों से उसका पालन भी यदि अभीष्ट हो तो स्पष्ट बता देना चाहिए । विवाह स्थिति में तो हम विचार कर ही लेते हैं कि—

वरस्य भास्कर बलं कन्यायाश्च गुरोर्बलम् ।
द्वयोश्चन्द्रबलं ग्राह्यं, विवाहो नान्यथा भवेत् ॥

अत: मंगलीक कन्या की गुरु स्थिति मिलान के बाद भी निर्बल लगे तो उसे विवाह से पूर्व पुखराज सम रत्ती की संख्या में धारण करा देना चाहिए । । चाहे जिस लग्न की कुंडली हो वा न हो **"पुखराज"** रत्न या **'गुरुयन्त्र'** को धारण करना हर युवती के लिए शुभ माना गया है । हां अगर वह स्वयं आत्म निर्भर और कुमारिका, नौकरी कर्त्ता हो तो कुंडली की ग्रह स्थिति देखकर के पहनावें और उसमें भाग्येश व लग्नेश में

से जो भी शुभ हो उसका योग करावें।

(8) पुरुष की शुक्र की स्थिति स्पष्ट देखकर उसका पालन कराने से मंगल के मिलान के बाद भी दंपत्ति सुख पाएंगे, अन्यथा नहीं।

(9) मंगल का मिलान स्पष्ट सुनिश्चित होने के बाद हमें अष्टकूट मिलान की ओर आगे बढ़ना चाहिए। आजकल पंचांग में बनी अष्टकूट टेबल को देखकर फटाफट गुण बता दिए जाते हैं। वे निर्णय भी गलत होते हैं क्योंकि वे एकांकी होते हैं। अष्टकूट मिलान हेतु 1. वर्ण 2. वश्य 3. तारा 4. योनि 5. ग्रहमैत्री 6. गणमैत्री 7. भकूट 8. नाड़ी सभी का अलग-अलग मिलान करना चाहिए। इसके लिए हमारी पुस्तक **"ज्योतिष सम्पूर्ण ज्ञान"** देखें।

(10) यदि कुंडली मिलान को सौ में से नंबर दिए जाएं तो पचास नंबर मंगल को मिलेंगे। मंगल के मिलान होते ही कुंडली 50% मिल जाती है। बाकी अष्टकूट से प्राप्त होने वाले नंबर भी जोड़ दें। मानो किसी जातक को अष्टकूट से 18 नंबर मिले। मंगल का मिलान हो गया तो 50 +18= कुल मिलान 68% उत्कृष्टता को धारण किए हुए हैं। ऐसा स्पष्ट जानना चाहिए।

(11) अष्टकूट मिलान आजकल कंप्यूटर से होता है। वह उत्तम है। उसमें त्रुटि बिल्कुल नहीं होती। परंतु अंतिम निर्णय तो ज्योतिषी को ही करना होता है, वही श्रेष्ठ है। क्योंकि कंप्यूटर के पास अनुभव एवं इष्टबल नहीं होता है। हमारे यहां भी कंप्यूटर लगा है। नित्यप्रति के पचासों मिलान होते हैं पर अंतिम रूप से सारांशतः हम स्वयं व्यक्तिगत रुचि लेकर जो निर्णय देंगे, वही सही होगा। कंप्यूटर मानव कार्यों का सर्वोत्तम सहायक है, पर सब कुछ नहीं।

मंगल दोष निवृत्ति के विविध उपाय—

मानव जीवन बड़ी विषमताओं से भरा है। कई बार ऐसा होता है कि लड़का पसंद है, लड़की मंगलीक है, पर मंगल का मिलान नहीं हो रहा है। अथवा लड़का-लड़की दोनों ने एक दूसरे को पसंद कर लिया मंगल मिलान एवं कुंडलियों में उनका विश्वास नहीं है ऐसे में माता-पिता, अभिभावक किसी अशुभ की आशंका से चिंताग्रस्त हो उठते हैं।

ऐसी परिस्थिति में शास्त्र **"घट-विवाह"** का निर्देश देते हैं। धर्मसिंधु में मंगलीक योग, विषयोग, वैधव्ययोग एवं द्विभार्यायोग की निवृत्ति हेतु **'कुंभ विवाह'** का विकल्प दिया है। कई लोग कुंभ की जगह वट्वृक्ष की लकड़ी से बनी विष्णु भगवान की प्रतिमा के साथ पहले विवाह करते हैं।

दक्षिण भारत में केले के तने के साथ विवाह करके उसे समुद्र में बहा देते हैं। इसकी पूरी विधि के लिए हमारे द्वारा लिखित **"कालसर्पयोग शांति एवं घट-विवाह पर**

शोधकार्य" नामक पुस्तक अवश्य पढ़ें ।

(1) वर-कन्या दोनों मूंगा रत्न जड़ित **"मंगल-यंत्र"** धारण करें । यह यंत्र विवाह के पूर्व धारण करेंगे तो ससुराल अच्छा व शीघ्र मिलेगा । विवाह के बाद पहनने से दाम्पत्य जीवन सुखी रहेगा ।

हमारा अनुभव है कि मूंगे की अंगूठी की जगह **"मंगल यंत्र"** ही पहनना ज्यादा श्रेष्ठ रहता है । एक तो यह नाभि से ऊपर रहने के कारण पवित्र रहता है । दूसरा इसमें यंत्र-मंत्र-तंत्र तीनों की शक्ति (त्रिगुणित) ताकत होती है ।

(2) कन्या मंगला गौरी का व्रत-उद्यापन करें अथवा

(3) वट् सावित्री का व्रत करें ।

(4) मंगल ग्रह के दस हजार जप, एवं उस की हवनात्मक शांति करें, ग्रह-शांति का प्रयोग करावें ।

(5) पार्वती मंगला स्तोत्र का नित्य पाठ करें ।

(6) गलती से विवाह हो जाए एवं बाद में ग्रह-स्थितियों का पता चले तो घर में नित्य **"सुंदरकांड"** का पाठ करना चाहिए ।

(7) डबल-त्रिबल मंगलीक कुंडली वाले विवाह के पूर्व दुर्गासप्तशती के अर्गला स्तोत्र का नित्य पाठ करें तथा श्लोक संख्या 24 को तीन बार नित्य दोहरावें ।

पत्नीं मनोरमां देहि मनोवृत्तानुसारिणीम् ।
तारिणीं दुर्ग संसार सारगस्य कुलोद्भवाम् ।24 ॥

यदि स्त्री जातक पाठ करे तो **"पत्नी"** की जगह **"पति"** पढ़े ।

(8) अनेक शाबर मंत्र भी विलक्षण रूप से काम करते हैं । ऐसे अन्य अनुभूत शाबर मंत्रों का प्रयोग गुरु-मुख से ग्रहण करके गुरु की आज्ञा से करना चाहिए तभी सफलता मिलती है, अन्यथा नहीं ।

सप्तम भाव जनित कष्ट निवारण के विविध उपाय

(1) सवा पांच रत्ती मूंगे की अंगूठी धारण करें।

(2) तांबे का प्राणप्रतिष्ठित मंगल यंत्र का नित्य पूजन करें।

(3) मूंगा युक्त **'मंगल यंत्र'** गले में धारण करें।

(4) मंगलवार के 28 व्रत रखें।

(5) पुखराज युक्त **'गुरुयंत्र'** गले में धारण करें।

(6) गुरुवार का व्रत रखें एवं गुरुवार को कथा करें।

(7) घटविवाह की शास्त्रोक्त विधि करावें।

(8) वट सावित्री का व्रत एवं उद्यापन करें।

(9) मंगला गौरी का व्रत, कथा करें।

(10) शुक्रवार का नियमित व्रत रखें, खटाई का सेवन न करें।

(11) **'शुक्रयंत्र'** गले में धारण करें।

(12) पार्वती मंगल स्तोत्र का नित्य पाठ करें।

(13) गुरु की आज्ञा लेकर कोई तांत्रिक अनुष्ठान करें।

(14) मनोवांछित पति प्राप्ति हेतु गुरु आज्ञा से तांत्रिक वशीकरण मंत्रों का प्रयोग करें ।

(15) मनोवांछित भार्या की प्राप्ति हेतु दुर्गासप्तशती के मंत्र का प्रयोग गुरु आज्ञा से करें ।

(16) शीघ्र विवाह हेतु गंधर्वराज के मंत्र का अनुष्ठान करें ।

(17) मनोवांछित भार्या हेतु **'त्रिपुरकारण्य यंत्र'** का प्रयोग करें ।

(18) गृहकलह की शांति हेतु सुंदरकांड का नित्य पाठ करें ।

(19) शीघ्र विवाह हेतु आंकर्षक मंत्र एवं यंत्र का प्रयोग करें ।

(20) सुखी वैवाहिक जीवन के लिए विवाह के समय दो बराबर वजन के चांदी के टुकड़े, केसरयुक्त चावल के साथ लें । फिर सुखी गृहस्थ का संकल्प लेकर चावल की एक ढेरी एवं चांदी का टुकड़ा पानी में बहा दें । दूसरा टुकड़ा व ढेरी अपने पास रखें । जब तक अवशेष भाग लड़की या लड़के के पास रहेगा उसका गृहस्थ जीवन सुखमय बना रहेगा ।

(21) सोमवार का नियमित व्रत कथापूर्वक करें । शिवजी पर दुग्ध मिश्रित जल चढ़ावें ।

(22) माणिक्य जड़ित **'सूर्ययंत्र'** धारण करें ।

मेष लग्न और विवाहयोग

(1) मेष लग्न हो, मंगल सप्तम भाव में, शनि लग्न में हो तो जातक अवश्य ही दूसरा विवाह करता है ।

(2) यदि पाप ग्रह षष्ठेश, धनेश और लग्नेश से युक्त होकर सप्तम भाव में हो तो जातक परस्त्रीगामी होता है ।

(3) गुरु-बुध सप्तम भाव में हो तो जातक कई स्त्रियों के साथ संभोग करता है ।

(4) मेष लग्न हो, शुक्र व सूर्य प्रथम या सप्तम भावस्थ हो तो जातक की स्त्री वंध्या होती है ।

(5) मेष लग्न हो, शुक्र स्व का सप्तम भवन में हो तो निश्चय ही पति से वियोग भोगना पड़ता है । अर्थात् पति-पत्नी में विच्छेद होता है ।

(6) मेष लग्न में शनि लग्नस्थ चंद्रमा के साथ हो तथा सप्तम भाव में सूर्य हो ऐसे जातक के विवाह में भयंकर बाधा आती है विलंब विवाह तो निश्चित है । अविवाह की स्थिति भी बन सकती है ।

(7) मेष लग्न में शनि द्वादशस्थ हो, द्वितीयभाव में सूर्य हो और लग्नेश मंगल निर्बल हो तो जातक का विवाह नहीं होता ।

(9) मेष लग्न में सूर्य और शनि के साथ सप्तमेश शुक्र भी हो तो जातक का विवाह नहीं होता ।

(10) मेष लग्न में शुक्र कर्क या सिंह राशि में हो तथा सूर्य या चंद्रमा शुक्र से द्वितीय या द्वादश स्थान में हो तो जातक का विवाह नहीं होता ।

(11) मेष लग्न में सप्तमेश शुक्र के साथ सूर्य चंद्रमा स्थित हो तो ऐसे में शुक्र अत्यंत पापी हो जाता है । ऐसी स्थिति में प्रथम तो जातक का विवाह नहीं होता । यदि विवाह हो भी जाए तो जातक को अविवाहित की तरह जीवन यापन करना पड़ता है ।

(12) राहु या केतु सप्तमभाव या नवम भाव में क्रूर ग्रहों से युक्त होकर बैठे हों तो निश्चय ही जातक का विवाह विलंब से होता है । ऐसा जातक प्राय: अंतर्जातीय विवाह करता है ।

(13) मेष लग्न में द्वितीयेश शुक्र वक्री हो या द्वितीय भाव में कोई ग्रह वक्री हो तो जातक के विवाह में अत्यधिक अवरोध उत्पन्न होता है ।

(14) मेष लग्न में सप्तमेश शुक्र वक्री हो, सप्तम भाव में कोई भी ग्रह वक्री हो या वक्री ग्रहों की सप्तम भाव पर दृष्टि हो तो जातक के विवाह में अनेक अवरोध आते हैं । विवाह समय पर साम्पन्न नहीं होता है ।

(15) मेष लग्न तथा चंद्रमा एवं शुक्र लग्न में स्थित हो और उन्हें पापग्रह देखते हों तो ऐसी स्त्री पर पुरुष गामिनी होती है तथा उसकी माता या मातातुल्य किसी वृद्ध स्त्री का इस कार्य में पूर्ण सहयोग रहता है ।

(16) मेष लग्न में राहु यदि आठवें स्थान में हो तो ऐसी स्त्री वैधव्य दु:ख को भोगती है ।

(17) मेष लग्न में जिस स्त्री की कुंडली में चंद्रमा आठवें हो तो वह स्त्री पति सुख से वंचित होती है । प्राय: ऐसी स्त्री विवाह के आठवें वर्ष में विधवा होती है ।

(18) मेष लग्न में सातवें सूर्य शुभ ग्रहों से दृष्ट न हो, तो स्त्री पति द्वारा त्याग दी जाती है । उसे प्राय: तलाक होती है ।

(19) मेष लग्न में चंद्रमा यदि चर (मेष, कर्क, तुला, मकर) राशि में हो, केंद्र में पाप ग्रह, शुभ ग्रहों से दृष्ट न हो तो ऐसी स्त्री विवाह के पूर्व पर पुरुषों से संसर्ग करती है ।

(20) मेष लग्न में सूर्य आठवें शुभ ग्रहों से दृष्ट न हो तो ऐसी स्त्री नित नए अलंकार व वस्त्र पहन कर परपुरुषों का संग करती है तथा कुल की मर्यादाएं तोड़ देती है ।

(21) मेष लग्न में सप्तमेश यदि चर राशि में हो तो स्त्री का पति परदेश में रहने वाला होगा । ऐसे में बुध व शनि यदि सप्तम में हो तो स्त्री का पति नपुंसक होगा ।

(22) मेष लग्न में मंगल आठवें हो तो ऐसी स्त्री मृगनयनी एवं कुटिल होती है । ऐसी स्त्री प्रेम विवाह करती है तथा स्वच्छंद यौनाचार में विश्वास रखती है ।

(23) मेष लग्न में मंगल हो, सप्तमेश शुक्र आठवें हो, सप्तम भाव में बुध हो तो ऐसी स्त्री एक के बाद दूसरा पति और दूसरे के बाद तीसरा पति करती है । इसमें आत्मनिर्णय की कमी रहती है ।

(24) मेष लग्न में शुक्र सप्तम में हो, शुभ ग्रह उसे देखते हों तो जातक की पत्नी अत्यंत

सुंदर, स्त्री-धर्म परायण एवं पतिव्रता होती है तथा विवाह के बाद पति के भाग्य को चमकाती है।

(25) मेष लग्न में षष्ठेश बुध राहु के साथ होकर यदि लग्नेश मंगल से किसी प्रकार का संबंध करे तो ऐसा जातक नपुंसक होता है।

(26) मेष लग्न में चंद्रमा मेष का वृश्चिक राशि में हो और इन्हीं राशियों का त्रिशांश भी हो तो ऐसी कन्या विवाह के पूर्व पर पुरुष से सहवास करती है।

(27) मेष लग्न में शुक्र चंद्रमा साथ में कहीं भी बैठें, पापग्रहों से दृष्ट हों तो ऐसी स्त्री व्यभिचारिणी होती है।

(28) मेष लग्न में चंद्रमा यदि (1/3/5/7/9/11) राशि में हो तो ऐसी स्त्री पुरुष की तरह कठोर स्वभाव वाली एवं साहसिक मनोवृत्ति वाली होती है।

(29) मेष लग्न में यदि सूर्य मंगली, गुरु, चंद्र, बुध व शुक्र बलवान हो तो ऐसी स्त्री गलत सोहबत या परिस्थितिवश पर पुरुष की अंकशायिनी बन सकती है।

(30) मेष लग्न में सप्तमेश शुक्र यदि चर राशि (1/4/7/10) में हो तो ऐसी स्त्री का पति निरंतर प्रवास में रहता है।

(31) मेष लग्न में चंद्रमा एवं शुक्र लग्नस्थ, पापग्रह से दृष्ट हो, तो ऐसी स्त्री अपनी माता सहित परपुरुष गामिनी होती है।

(32) मेष लग्न में चंद्र और शुक्र लग्नस्थ हो तथा पंचम स्थान पर पापग्रहों की दृष्टि हो तो वह नारी वंध्या होती है।

(33) मेष लग्न में लग्नस्थ मंगल स्वगृही हो तो जातक के द्विभार्या योग बनता है। ऐसा जातक दो नारियों से रमण करता है।

(34) मेष लग्न में शुक्र यदि द्वितीय या द्वादश स्थान में हो तो ऐसा जातक जीवन में अनेक स्त्रियों के साथ रमण करता है।

(35) मेष लग्न में सूर्य सातवें हो तो ऐसे जातक की पत्नी अल्पजीवी होती है।

(36) मेष लग्न में राहु वृश्चिक का आठवें हो तो स्त्री विधवा होती है।

वृष लग्न और विवाहयोग

(1) सूर्य वृश्चिक का हो तथा शुक्र सिंह का हो तो ससुराल से धन प्राप्त होता है ।

(2) गुरु सप्तम भाव में हो तो पत्नी को गर्भावस्था में अनिष्ट कर एवं जीवन-हानि होती है ।

(3) चंद्रमा वृश्चिक का हो तथा लग्नेश सुख भाव में स्थित हो तो ससुराल से धन प्राप्त होगा ।

(4) सप्तमेश शुभ युक्त न होकर 6/8/12 वें भाव का हो या नीच का या अस्तगत हो तो विवाह ही नहीं होता या विधुर होता है ।

(5) मंगल या शुक्र 3/6/10/11/7 वें स्थान में हो तो विवाहोपरांत भाग्योदय होता है । भाग्येश शनि से 36 वां वर्ष भाग्योदय का होता है ।

(6) मंगल वृश्चिक का हो तथा यदि शनि की पूर्ण दृष्टि हो तो जातक दूसरा विवाह करता है तथा उससे भी मतभेद रहता है ।

(7) वृष लग्न में शनि सप्तमस्थ चंद्रमा के साथ हो तथा लग्न में सूर्य हो तो ऐसे जातक के विवाह में भयंकर बाधा आती है । विलंब विवाह तो निश्चित है पर अविवाह की स्थिति भी बन सकती है ।

(8) वृष लग्न में शनि द्वादशस्थ हो, द्वितीय भाव में सूर्य हो तथा लग्नेश शुक्र निर्बल हो तो जातक का विवाह नहीं होता ।

(9) वृष लग्न में शनि छठे हो, सूर्य अष्टम में हो एवं सप्तमेश मंगल बलहीन हो तो जातक का विवाह नहीं होता ।

(10) वृष लग्न में सूर्य, शनि एवं शुक्र की युति कहीं भी हो तथा सप्तमेश मंगल बलहीन हो तो जातक का विवाह नहीं होता ।

(11) वृष लग्न में शुक्र कर्क या सिंह राशि में हो, सूर्य या चंद्रमा शुक्र से द्वितीया या द्वादश में हो तो जातक का विवाह नहीं होता ।

(12) वृष लग्न में द्वितीयेश बुध अस्त हो, द्वितीय भाव में कोई ग्रह वक्री हो तो विवाह में अत्यधिक अवरोध उत्पन्न होता है ।

(13) राहु या केतु सप्तमभाव या नवम भाव में क्रूर ग्रहों से युक्त होकर बैठे हों तो निश्चित ही जातक का विवाह विलंब से होता है । ऐसा जातक प्रायः अंतर्जातीय विवाह करता है ।

(14) वृष लग्न में सप्तमेश मंगल वक्री हो, सप्तम भाव में कोई भी ग्रह वक्री हो या किसी वक्री ग्रह की सप्तम भाव पर दृष्टि हो तो जातक के विवाह में अनेक अवरोध आते हैं । विवाह समय पर संपन्न नहीं होता ।

(15) वृष लग्न में राहु यदि सातवें हो तो स्त्री वैधव्य दुःख को भोगती है ।

(16) वृष लग्न में चंद्रमा स्थिर राशि (वृष, सिंह, वृश्चिक, कुंभ) में हो तो ऐसी कन्या अक्षत योनि होती है ।

(17) वृष लग्न में सूर्य आठवें शुभग्रहों से दृष्ट न हो तो ऐसी स्त्री अपने सुख की खातिर, नित नए वस्त्र-अलंकार पहन कर पर पुरुषों का संग करती है ।

(18) वृष लग्न में सप्तम भावस्थ मंगल पर शनि की दृष्टि हो तो जातक में प्रबल वासना देखी गई है । ऐसा जातक स्त्री के यौनांग का स्पर्श अपने मुंह से करता है । यदि ऐसे मंगल के साथ राहु हो तो जातक अपने आश्रय में रहने वाली दासी तथा सेविका से यौन संबंध रखता है ।

(19) वृष लग्न में यदि कुंभ का नवमांश हो तो ऐसी स्त्री, अन्य स्त्री की सहायता से अपनी कामपिपासा को शांत करती है अर्थात् अपने साथ-साथ रमण करने के लिए अन्य स्त्री से पुरुष का आचरण कराती है । यदि पुरुष की कुंडली में यह योग हो तो वह समलैंगिक यौनाचार करता है ।

(20) वृष लग्न में मंगल आठवें हो तो स्त्री मृगनयनी एवं कुटिल स्वभाव की होती है तथा प्रेम विवाह में विश्वास रखती है ।

(21) वृष लग्न में शनि राहु सातवें एवं मंगल छठे हो तो विवाहिता स्त्री को पति होते हुए भी पति का सुख नहीं मिलता । पति से शारीरिक संपर्क नहीं होता तथा दांपत्य जीवन कलहपूर्ण रहता है ।

(22) वृष लग्न में चंद्रमा यदि (2/4/6/8/10/12) राशियों में हो तो ऐसी स्त्री अत्यंत कोमल व मृदुस्वभाव की होती है ।

(23) वृष लग्न में यदि बुध, गुरु, शुक्र व मंगल बलवान हो तो ऐसी स्त्री विख्यात,

विदुषी एवं सच्चरित्र वाली होती है।

(24) वृष लग्न में, मंगल का नवमांश हो अथवा सप्तम भाव पर शनि की पूर्ण दृष्टि हो तो ऐसी स्त्री की योनि में रोग होता है।

(25) जातक पारिजात के अनुसार वृष लग्न में उत्पन्न कन्याएं सुंदर होती हैं। यदि लग्न में चंद्रमा हो तो ऐसी स्त्री पति की प्यारी एवं प्राणवल्लभा होती है।

(26) वृष लग्न में सप्तमेश मंगल या शुक्र वृष, सिंह, वृश्चिक या कुंभ राशि में हो तथा चंद्रमा पर राशि (मेष, कर्क, तुला, मकर) में हो तो ऐसे जातक का विवाह विलंब से होता है।

(27) वृष लग्न में स्वगृही शुक्र लग्नस्थ हो तथा गुरु साथ में हो तो **'द्विभार्या योग'** बनता है। ऐसा जातक दो नारियों के साथ रमण करता है।

(28) वृष लग्न में सप्तमेश मंगल यदि द्वितीय या द्वादश स्थान में हो तो पूर्ण व्यभिचारी योग बनता है। ऐसा पुरुष जीवन में अनेक स्त्रियों के साथ संभोग करता है।

(29) वृष लग्न में मेष राशि का राहु बारहवें हो तो स्त्री विधवा होती है।

(30) वृष लग्न में तुला का शनि छठे हो एवं षड्वर्गशुद्ध सूर्य तृतीय में हो तो ऐसी स्त्री राजपत्नी, धर्म पर अखंड प्रेम रखने वाली पति की प्राणवल्लभ होती है।

मिथुन लग्न और विवाहयोग

(1) लग्न से सप्तम भाव के मध्य सूर्य, मंगल, शनि हो तो जातक स्त्री को वैधव्य भोगना पड़ता है ।

(2) स्त्री की कुंडली में मंगल सप्तम भाव में हो तो वह स्त्री पुरुष वत्, कुकर्म तत्पर व सौभाग्यहीन होती है ।

(3) मिथुन लग्न में कर्क का चंद्रमा एवं धनु का बृहस्पति सप्तम में हो तो वह स्त्री विश्वसुंदरी का मुकुट धारण करती है ।

(4) बुध सातवें स्थान में शनि युक्त हो तो पति नपुंसक होता है ।

(5) सप्तमेश अपने मूल त्रिकोण में हो तथा धनेश के साथ हो और लग्नेश अपनी उच्च राशि में हो तो जातक का विवाह उच्च कुल में होता है । तथा जातक का 18 वें वर्ष भाग्योदय होता है ।

(6) सप्तम में सूर्य, मंगल, चंद्र या शनि हो तो अन्य जाति की लड़की से विवाह है ।

(7) मंगल, शनि सप्तम में हो, शुभ ग्रहों की दृष्टि हो, किसी राशि में पुरुष ग्रह व स्त्री ग्रह दोनों एक साथ बैठे हों तो वृद्धावस्था में अधिक उम्र की स्त्री प्राप्त होती है ।

(8) क्रूर ग्रह अष्टम में वैधव्य करता है, वह वैधव्य किस वय में होगा इसका निर्णय अष्टम स्थान का स्वामी जिस नवांश में हो उस नवांश स्वामी ग्रह की अवस्था में वैधव्य योग होता है ।

(9) मिथुन लग्न में शनि लग्नस्थ चंद्रमा के साथ हो तथा सप्तम भाव में सूर्य हो ऐसे जातक के विवाह में भयंकर बाधा आती है । विलंब विवाह तो निश्चित है ।

अविवाह की स्थिति भी बन सकती है ।

(10) मिथुन लग्न में शनि द्वादशस्थ या अष्टमस्थ हो, द्वितीय भाव में सूर्य हो और लग्नेश बुध निर्बल हो तो जातक का विवाह नहीं होता ।

(11) मिथुन लग्न में शनि छठे हो, सूर्य अष्टम में हो एवं सप्तमेश गुरु बलहीन हो तो जातक का विवाह नहीं होता ।

(12) मिथुन लग्न में सूर्य, शनि एवं शुक्र की युति कहीं भी हो, सप्तमेश गुरु निर्बल हो तो जातक का विवाह नहीं होता ।

(13) मिथुन लग्न में शुक्र कर्क या सिंह राशि में हो तथा सूर्य या चंद्रमा शुक्र से द्वितीय या द्वादश स्थान में हो तो जातक का विवाह नहीं होता ।

(14) मिथुन लग्न में राहु हो तथा शुक्र मिथुन, सिंह, कन्या, धनु (वंध्या) राशि गत हो तो विवाह विलंब से होता है तथा जीवन साथी से तृप्ति नहीं मिलती ।

(15) राहु या केतु सप्तमभाव या नवम भाव में क्रूर ग्रहों से युक्त होकर बैठे हों तो निश्चय ही जातक का विवाह विलंब से होता है । ऐसा जातक प्राय: अंतर्जातीय विवाह करता है ।

(16) मिथुन लग्न में द्वितीयेश चंद्रमा अस्त हो, द्वितीय भाव में वक्री ग्रह स्थित हो तो जातक के विवाह में अत्यधिक अवरोध उत्पन्न होता है ।

(17) मिथुन लग्न में सप्तमेश बृहस्पति वक्री हो, सप्तम भाव में कोई भी ग्रह वक्री हो या किसी वक्री ग्रह की सप्तम भाव पर दृष्टि हो तो जातक के विवाह में अवरोध आते हैं । विवाह समय पर संपन्न नहीं होता ।

(18) मिथुन लग्न में बृहस्पति यदि स्वराशिगत, उच्चराशिगत या उच्चाभिलाषी हो तो जातक एक पत्नीव्रत व भारतीय परंपरा में विश्वास रखता है । 34 वर्ष की आयु में जातक को विशिष्ट पद-प्रतिष्ठा सुख व ऐश्वर्य की प्राप्ति होती है । ससुराल से प्रचुर धन व मान मिलता है ।

(19) मिथुन लग्न में सूर्य आठवें शुभग्रहों से दृष्ट न हो तो ऐसी स्त्री नित नूतन वस्त्र पहन कर पर पुरुषों का संग करती है एवं कुल की मर्यादा को नष्ट कर देती है ।

(20) मिथुन लग्न में षष्ठेश मंगल लग्न में बुध के साथ हो तो ऐसा जातक स्त्री सहवास के योग्य नहीं रहता अर्थात् नपुंसक होता है ।

(21) मिथुन लग्न में चंद्रमा यदि (1/3/5/7/9/11) राशि में हो तो ऐसी स्त्री पुरुष की तरह कठोर स्वभाव वाली एवं साहसिक प्रकृति की महिला होती है ।

(22) मिथुन लग्न में सूर्य, मंगल, गुरु, चंद्र, बुध व शुक्र तथा शनि बलवान हो तो ऐसी स्त्री गलत सोहबत या परिस्थितिवश पर पुरुष की अंकशायिनी बन सकती है ।

(23) मिथुन लग्न में बुध स्वगृही लग्न में हो, साथ में अष्टमेश शनि भी हो तो **'द्विभार्यायोग'** बनता है । ऐसा जातक दो नारियों के साथ रमण करता है ।

कर्क लग्न और विवाहयोग

(1) केंद्र व त्रिकोणपति मंगल चंद्रमा से योग करे धन स्थान में तो जातक की स्त्री विवाहोपरांत लखपति बनेगी।

(2) बुध, शुक्र 12 वें भाव में हो तो शुक्र की दशा में जातक ख्याति, यश एवं अर्थ लाभ करता है।

(3) कर्क लग्न में सप्तमस्थ शनि चंद्रमा के साथ हो, लग्न में सूर्य हो तो ऐसे जातक के विवाह में भयंकर बाधा आती है। विलंब विवाह तो निश्चित है। अविवाह की स्थिति भी बन सकती है।

(4) कर्क लग्न में यदि शनि व चंद्रमा एक दूसरे को परस्पर देख रहे हो तो विवाह विलंब से होता है।

(5) कर्क लग्न में शनि द्वादश या अष्टम में हो, सूर्य द्वितीय भाव में हों और लग्नेश चंद्रमा निर्बल हो तो जातक का विवाह नहीं होता।

(6) कर्क लग्न में शनि छठे और सूर्य अष्टम में हो तथा शुक्र भी बलहीन हो तो जातक का विवाह नहीं होता।

(7) कर्क लग्न में सूर्य, शनि और शुक्र की युति कहीं भी हो तो जातक का विवाह नहीं होता।

(8) कर्क लग्न में शुक्र लग्न या द्वितीय में हो तथा सूर्य या चंद्रमा शुक्र से द्वितीय या द्वादश स्थान में हो तो जातक का विवाह नहीं होता।

(9) कर्क लग्न में सप्तमेश शनि वक्री हो, सप्तम भाव में कोई वक्री ग्रह हो, या किसी

वक्री ग्रह की सप्तम भाव पर दृष्टि हो तो जातक के विवाह में अनेक अवरोध आते हैं। विवाह समय पर नहीं होता।

(10) कर्क लग्न में चंद्रमा यदि चरराशि (मेष कर्क, तुला, मकर) में हो, पाप ग्रह केंद्र में हो, शुभ ग्रह उन्हें न देखते हों तो ऐसी स्त्री विवाह के पूर्व अन्य पुरुषों से संसर्ग करती है।

(11) राहु या केतु सप्तमभाव या नवम भाव में क्रूर ग्रहों से युक्त होकर बैठे हों तो निश्चय ही जातक का विवाह विलंब से होता है। ऐसा जातक प्राय: अंतर्जातीय विवाह करता है।

(12) कर्क लग्न में सूर्य आठवें, शुभ ग्रहों से दृष्ट न हो तो ऐसी स्त्री नित नूतन वस्त्र पहन कर पर पुरुषों का संग करती है।

(13) कर्क लग्न में सप्तमस्थ मंगल पर शनि की दृष्टि हो तो जातक में कामवासना प्रबल होती है। ऐसा जातक आवेश में स्त्री के यौनांग का स्पर्श अपने मुंह से करता है यदि ऐसे मंगल के साथ राहु हो तो जातक अपने आश्रम में रहने वाली सेविका से यौन संबंध रखता है।

(14) कर्क लग्न में सप्तमेश शनि यदि चरराशि में हो तो स्त्री का पति परदेश में रहेगा। ऐसे में यदि सप्तम भाव में बुध व शनि हो तो स्त्री का पति नपुंसक होगा।

(15) कर्क लग्न में शनि यदि सातवें हो, शुभग्रह न देखते हों तो स्त्री का पति बूढ़ा व पापी होगा।

(16) कर्क लग्न में सातवें सूर्य हो, उस पर गुरु की दृष्टि हो तो ऐसी स्त्री रोग रहित, पुत्र-पौत्रों से युक्त, सुंदरियों में प्रधान, रानी के समान सुंदर, वैभव एवं ऐश्वर्यशालिनी होती है।

(17) कर्क लग्न में चंद्रमा यदि (2/4/6/8/10/12) राशि में हो तो ऐसी स्त्री अत्यंत कोमल व मृदुस्वभाव वाली होती है।

(18) कर्क लग्न में गुरु, बुध, शुक्र एवं मंगल बलवान हो तो ऐसी स्त्री विख्यात विदुषी एवं सच्चरित्र वाली होती है।

(19) कर्क लग्न में सप्तमेश शनि यदि चर राशि (1/4/7/10) में हो तो ऐसी स्त्री का पति निरंतर प्रवास में रहता है।

(20) जातक पारिजात के अनुसार कर्क लग्न में उत्पन्न कन्याएं सुंदर होती हैं। यदि लग्न में चंद्रमा हो तो ऐसी स्त्री पति को प्रिय व प्राणवल्लभा होती है।

(21) जिस स्त्री का जन्म कर्क लग्न में हो तथा सातवें भाव में चंद्रमा हो, अन्य तीन केंद्रों में कोई भी पापग्रह न हो तो ऐसी स्त्री रानी तुल्य ऐश्वर्य को भोगती है। उसके घर कार इत्यादि उच्च वाहन, नौकर-चाकर का सुख, पति का सुख उत्तम होता है।

(22) कर्क लग्न में चंद्रमा हो, साथ में अष्टमेश शनि भी हो तो **"द्विभार्यायोग"** बनता है। ऐसा जातक दो नारियों के साथ रमण करता है।

(23) कर्क लग्न में सप्तमेश शनि द्वितीय या द्वादश में हो तो पूर्ण व्यभिचारी योग बनता है। ऐसा जातक जीवन में अनेक स्त्रियों के साथ संभोग करता है।

(24) कर्क लग्न में सूर्य हो तथा सातवें स्थान में शनि हो तो ऐसे जातक का दांपत्य जीवन कलहपूर्ण रहता है। जीवन साथी से विचारधारा बिल्कुल नहीं मिलती। इसके विपरीत सूर्य सातवें एवं शनि लग्न में हो तो भी यही योग बनता है।

(25) जिस महिला के कर्क लग्न में शनि बैठा हो वह एक नंबर की जिद्दी व हठी महिला होती है। ऐसी महिला प्रेम विवाह करती है तथा जात-पात की मर्यादा, कुल-परंपरा एवं लोकलज्जा की परवाह नहीं करती।

(26) कर्क लग्न में सप्तमस्थ चंद्रमा शनि से दृष्ट हो तो ऐसी महिला अंतर्जातीय विवाह करती है पर उसके परिणाम सुखद नहीं होते।

(27) कर्क लग्न में सप्तमेश शनि छठे, आठवें या बारहवें हो तथा षष्ठेश (गुरु) अष्टमेश (शनि) या द्वादश (बुद्ध) सातवें भाव में हो तो ऐसा जातक अविवाहित रहता है।

(28) कर्क लग्न में सूर्य द्वितीय भाव में शनि के साथ हो तो जातक का भाग्योदय विवाह के पश्चात् होता है तथा जातक को ससुराल की सारी सम्पत्ति मिलती है।

सिंह लग्न और विवाह योग

(1) सप्तम भाव में मकर का गुरु हो तो उसे स्त्री का अल्प सुख ही मिलता है ।

(2) गुरु से केंद्र में शुक्र और लग्नेश हों और नवम भाव का स्वामी बलवान हो तो जातक दीर्घायु, धनी, गुणी, चतुर, रोग-भय से रहित, भूमि, सुंदर स्त्री से युक्त, उच्च पद को प्राप्त करने वाला होता है ।

(3) सप्तमेश शुभ ग्रह की राशि में हो तथा शुक्र अपनी उच्च की राशि में हो तो नौ वर्ष की अवस्था में विवाह होता है ।

(4) सिंह लग्न में शनि लग्नस्थ चंद्रमा के साथ हो तथा सप्तम भाव में सूर्य हो तो ऐसे जातक के विवाह में भयंकर बाधा आती है । विलंब विवाह तो निश्चित है । अविवाह की स्थिति भी बन सकती है ।

(5) सिंह लग्न में शनि द्वादशस्थ हो, द्वितीय भाव में या द्वादश में सूर्य हो तो जातक का विवाह नहीं होता ।

(6) सिंह लग्न में शनि छठे हो, सूर्य आठवें हो तथा शुक्र बलहीन हो तो जातक का विवाह नहीं होता ।

(7) सिंह लग्न में सूर्य, शनि के साथ शुक्र भी हो, सूर्य कमजोर या नीच का हो तो जातक का विवाह नहीं होता ।

(8) सिंह लग्न में शुक्र लग्न या द्वादश स्थान में हो तथा सूर्य या चंद्रमा शुक्र से द्वितीयं या द्वादश में हो तो जातक का विवाह नहीं होता ।

(9) सिंह लग्न में राहु या केतु हो, शुक्र मिथुन, सिंह, कन्या, धनु (वंध्या) राशिगत हो तो विवाह विलंब से होता है तथा जीवन साथी से तृप्ति नहीं मिलती ।

(10) राहु या केतु सप्तमभाव या नवम भाव में क्रूर ग्रहों से युक्त होकर बैठे हों तो निश्चय ही जातक का विवाह विलंब से होता है । ऐसा जातक प्राय: अंतर्जातीय विवाह करता है ।

(11) सिंह लग्न में द्वितीयेश बुध अस्त हो, द्वितीय भाव में कोई ग्रह वक्री होकर बैठा हो तो जातक के विवाह में अत्यधिक अवरोध उत्पन्न होता है ।

(12) सिंह लग्न में सप्तमेश शनि वक्री हो, सप्तमभाव में कोई ग्रह वक्री हो अथवा किसी वक्री ग्रह की सप्तम भाव पर दृष्टि हो तो जातक के विवाह में अवरोध आते हैं । विवाह समय पर संपन्न नहीं होता ।

(13) सिंह लग्न में चंद्रमा यदि स्थिर (वृष, सिंह , वृश्चिक, कुंभ) राशि में हो तो ऐसी स्त्री अक्षतयोनि होती है ।

(14) सिंह लग्न में शनि सातवें हो, शुभग्रह उसे न देखते हों तो ऐसी स्त्री का पति बूढ़ा व पापी होगा ।

(15) सिंह लग्न में षष्ठेश शनि, मंगल के साथ द्वितीय भाव (कन्या राशि) में अथवा एकादश भाव (मिथुन राशि) में हो तो ऐसा जातक स्त्री सहवास के योग्य नहीं होता अर्थात् नपुंसक होता है ।

(16) सिंह लग्न में चंद्रमा यदि (1/3/5/7/9/11) राशि में हो तो ऐसी स्त्री पुरुष की तरह कठोर स्वभाव वाली एवं साहसिक प्रकृति की होती है ।

(17) सिंह लग्न में यदि सूर्य, मंगल गुरु, चंद्र, बुध, शुक्र, शनि बलवान हो तो ऐसी स्त्री गलत सोहबत या परिस्थिति वश परपुरुष की अंकशायिनी बन सकती है ।

(18) सिंह लग्न में चंद्र और शुक्र लग्नस्थ हो तथा पंचम स्थान पर पापग्रहों की दृष्टि हो तो वह नारी वंध्या होती है ।

(19) सिंह लग्न में सप्तमेश शनि स्थिर राशि (वृष, सिंह, वृश्चिक या कुंभ) में हो तथा चंद्रमा चर राशि (मेष, कर्क, तुला, मकर) में हो तो ऐसे जातक का विवाह विलंब से होता है ।

(20) सिंह लग्न में स्वगृही सूर्य लग्न में अष्टमेश गुरु के साथ हो तो **"द्विभार्यायोग"** बनता है । ऐसा जातक दो नारियों के साथ रमण करता है ।

(21) सिंह लग्न में बुध, शुक्र और शनि ये तीनों यदि दसम भाव में हों तो ऐसा पुरुष व्यभिचारी होता है ।

(22) सिंह लग्न में सप्तमेश शनि यदि द्वितीय या द्वादश में हो तो पूर्ण व्यभिचारी योग बनता है । ऐसा जातक जीवन में अनेक स्त्रियों से संभोग करता है ।

(23) सिंह का सूर्य लग्न में एवं सातवें भाव में शनि हो तो ऐसे जातक का दांपत्य जीवन कलहपूर्ण रहता है । जीवन साथी से विचार बिल्कुल नहीं मिलते । इसके विपरीत सूर्य सातवें और शनि लग्न में हो तो यही योग बनता है ।

कन्या लग्न और विवाहयोग

(1) लग्नेश बुध, आयेश चंद्र तथा पंचमेश तीनों अष्टम भाव में हों, सप्तम भाव में मीन का शुक्र हो अर्थात् उच्च का व केंद्र में, ऐसे जातक का भाग्य ससुराल से बनता है तथा धन भी मिलता है ।

(2) कन्या लग्न हो तथा चंद्रमा द्वादश भाव में हो तो जातक की प्रसिद्धि विपक्षियों में खूब होती है । दांपत्य जीवन सुखी एवं आय के अनेक स्त्रोत होते हैं । यात्राएं खूब करता है ।

(3) कन्या लग्न हो तथा चंद्र-शुक्र सप्तम भाव हो, गुरु 11वें भाव में, सूर्य अष्टम भाव में हो तो व्यक्ति को श्रेष्ठतम ससुराल से अर्थ प्राप्ति व सुयोग्य पत्नी प्राप्त होती है ।

(4) कन्या राशि का सूर्य लग्न में हो, सप्तम (मीन) शनि हो तो जातक की पत्नी का मरण हो ।

(5) शुक्र सुख स्थान में हो तथा सप्तम भाव में शनि एवं एकादश स्थान में मंगल हो तो जातक की पत्नी की मृत्यु अग्नि से होती है ।

(6) यदि सप्तम में चंद्रमा व शनि हो तो जातक की पत्नी पर प्रिया होती है ।

(7) कन्या लग्न हो, सप्तम में मीन का मंगल हो और मंगल शनि की युति हो तो जातक स्त्रीहीन, पुत्रहीन होता है ।

(8) शुक्र मीन का सप्तम स्थान में हो, या शुक्र, मंगल या शनि के षड्वर्ग में हो, या शनि मंगल से दृष्ट हो, तो जातक परस्त्रीगामी होता है ।

(9) सातवें भाव में चंद्रमा, मंगल और शनि एक साथ हों और शुक्र-शनि मंगल के वर्ग में बैठकर उनको देखता हो तो जातक तथा उसकी पत्नी दोनों अन्य गामी होते हैं।

(10) स्त्री की कुंडली हो तथा कन्या लग्न हो लग्न या चंद्रमा से सप्तम स्थान में कोई ग्रह न हो और यह स्थान दुर्बल बन जाए तो स्त्री का पति कापुरुष अर्थात् भीरु होता है।

(11) स्त्री की कुंडली में (कन्या लग्न) सप्तम भाव में मंगल हो तो वैधव्य योग होता है। सूर्य हो तो पति द्वारा त्याज्य, शनि हो और पाप ग्रह की दृष्टि हो तो विवाह देर से हो अन्य पाप ग्रह भी वैधव्य योग बनाते हैं।

(12) सप्तमेश सप्तम में बुध युक्त हो, राहु लग्न में तथा शनि स्व का मकर राशि का हो तो जातक नपुंसक या पुरुषत्वहीन होता है।

(13) कन्या लग्न में शनि लग्नस्थ, चंद्रमा के साथ हो तथा सप्तम भाव में सूर्य हो तो ऐसे जातक के विवाह में भयंकर बाधा आती है। विलंब विवाह तो निश्चित है। अविवाह की स्थिति भी बन सकती है।

(14) कन्या लग्न में शनि द्वादशस्थ हो, सूर्य द्वितीय भाव में हो, लग्नेश बुध निर्बल हो तो जातक का विवाह नहीं होता।

(15) कन्या लग्न में शनि छठे हो, सूर्य अष्टम में हो तथा सप्तमेश बृहस्पति बलहीन हो तो जातक का विवाह नहीं होता।

(16) कन्या लग्न में सूर्य, शनि और शुक्र की युति हो तो सप्तमेश, बृहस्पति भी बलहीन हो तो ऐसे जातक का विवाह नहीं होता।

(17) कन्या लग्न में शुक्र कर्क या सिंह राशि में हो तथा सूर्य या चंद्रमा शुक्र से द्वितीय या द्वादश स्थान में हो तो ऐसे जातक का विवाह नहीं होता।

(18) कन्या लग्न में राहु या केतु हो, शुक्र, मिथुन, सिंह, कन्या, धनु (बंध्या) राशिगत हो तो विवाह विलंब से होता है तथा जातक को अपने जीवन साथी से तृप्ति नहीं मिलती।

(19) राहु या केतु सप्तमभाव या नवम भाव में क्रूर ग्रहों से युक्त होकर बैठे हों तो निश्चय ही जातक का विवाह विलंब से होता है। ऐसा जातक प्राय: अंतर्जातीय विवाह करता है।

(20) कन्या लग्न में द्वितीयेश शुक्र वक्री हो अथवा द्वितीय स्थान में कोई भी ग्रह वक्री होकर बैठा हो तो जातक के विवाह में अत्यधिक अवरोध उत्पन्न होता है।

(21) कन्या लग्न में सप्तमेश गुरु वक्री हो, सप्तमभाव में कोई ग्रह वक्री हो, अथवा किसी वक्री ग्रह की सप्तमभाव पर दृष्टि हो तो जातक के विवाह में अवरोध आता है। विवाह समय पर संपन्न नहीं होता।

(22) कन्या लग्न में सप्तमेश बृहस्पति स्वराशिगत, उच्च का अथवा उच्चाभिलाषी हो तो जातक एक पत्नीव्रत एवं भारतीय परंपरा में विश्वास रखता है। आयु के 34वें वर्ष में जातक को विशिष्ट पद-प्रतिष्ठा, मान-सम्मान की प्राप्ति होती है। ससुराल से प्रचुर धन एवं मान मिलता है।

(23) कन्या लग्न में राहु यदि आठवें स्थान में हो तो ऐसी स्त्री को वैधव्य दुःख भोगना पड़ता है।

(24) कन्या लग्न में मंगल आठवें हो तो ऐसी स्त्री मृगनयनी एवं कुटिल स्वभाव की होती है। ऐसी स्त्री प्रायः प्रेम विवाह करती है तथा स्वच्छंद यौनाचार में विश्वास रखती है।

(25) कन्या लग्न में चंद्रमा बारहवें हो, शुक्र शनि के साथ हो, शुक्र से दूसरे स्थान पर सूर्य हो, चौथे राहु हो तो जातक को भरी जवानी में पत्नी व बच्चे का वियोग देखना पड़ता है। उसकी पत्नी व बच्चे की अकाल मृत्यु होती है।

(26) कन्या लग्न में गुरु शनि के साथ हो, राहु चंद्र बारहवें हो, सप्तम भाव शुभ ग्रहों से दृष्ट न हो तो ऐसी कन्या युवावस्था के बीत जाने पर—पति को तरसती रहती है, उसका विवाह नहीं होता।

(27) कन्या लग्न में बृहस्पति यदि सातवें हो तो जातक की पत्नी बहुत ही सुंदर व आकर्षक होगी। ऐसे जातक की पत्नी पति के भाग्य को चमकाने वाली, स्त्री, धर्म परायण एवं पतिव्रता होती है।

(28) कन्या लग्न में षष्ठेश शनि लग्न में बुध के साथ हो तो ऐसा पुरुष स्त्री सहवास के योग्य नहीं होता अर्थात् नपुंसक होता है।

(29) कन्या लग्न में षष्ठेश शनि के साथ मंगल लग्न या दसम भाव में हो तो ऐसा पुरुष स्त्री सहवास के योग्य नहीं होता अर्थात नपुंसक होता है।

(30) कन्या लग्न में बुध उच्च का एवं गुरु बारहवें जिस कन्या की कुंडली में हो वह राजपत्नी अथवा रानी के समय ऐश्वर्य को भोगने वाली होती है तथा उसकी गणना संसार की प्रसिद्ध स्त्रियों में होती है।

(31) कन्या लग्न में शुक्र सप्तम भाव में दो पापग्रहों के मध्य हो अथवा दृष्ट हो तो ऐसी स्त्री घर छोड़कर स्वेच्छा से व्यभिचार कर्म करती है।

(32) कन्या लग्न में द्वितीयेश शुक्र यदि राहु से युत हो तो ऐसी स्त्री व्यभिचारिणी हो सकती है।

(33) कन्या लग्न में चंद्रमा यदि (2/4/6/8/10/12) राशि में हो तो ऐसी स्त्री अत्यंत कोमल एवं मृदुस्वभाव की होती है।

(34) कन्या लग्न में गुरु, बुध, शुक्र एवं मंगल बलवान हो तो ऐसी स्त्री विख्यात, विदुषी एवं सच्चरित्र वाली सभ्य महिला होती है।

(35) जातकपारिजात के अनुसार कन्या लग्न में उत्पन्न कन्याएं सुंदर होती हैं। चंद्रमा यदि लग्न में हो तो ऐसी स्त्री पति की प्रिया, प्राण-वल्लभा होती है।

(36) कन्या लग्न में बुध स्वगृही लग्न में अष्टमेश मंगल के साथ हो तो **"द्विभार्यायोग"** बनता है। ऐसा जातक दो नारियों के साथ रमण करता है।

(37) कन्या लग्न में सप्तमेश बृहस्पति यदि द्वितीय या द्वादश भाव में हो तो पूर्ण व्यभिचारी योग बनता है। ऐसा जातक जीवन में अनेक स्त्रियों से संभोग करता है।

(38) कन्या लग्न में सूर्य और शनि यदि सातवें हो तो ऐसे जातक की पत्नी अल्पजीवी होती है।

(39) कन्या लग्न में मेष राशि का राहु आठवें हो तो स्त्री विधवा होती है।

तुला लग्न और विवाहयोग

(1) लग्न में शनि हो तथा चंद्रमा हो, 8वें भवन में शुक्र हो, वह राज्य-मान्य, अतिकामी व पत्नी को भोगने वाला होता है ।

(2) यदि स्त्री की कुंडली में लग्नेश, सप्तमेश, नवमेश और चंद्र स्थित राशि हो, उन सबके स्वामी शुभ ग्रहों के उत्तम स्थानों में स्थित हों पर अस्त न हों तो स्त्री भाग्यशालिनी, सुंदरी, बंधुओं में पूज्य और पुण्य कर्म करने में कुशल होती है ।

(3) तुला लग्न हो, शुक्र बली हो तो स्त्री संचित धन द्वारा सहायता करे ।

(4) शुक्र के नवमांश में शनि और शनि के नवमांश में शुक्र हो, दोनों में परस्पर दृष्टि हो तो वह स्त्री कामातुर होकर पुरुष की आकृति बनाती हुई, अपनी सहेली आदि स्त्री के द्वारा मैथुन क्रिया से कामाग्नि को शांत कराती है ।

(5) मंगल द्वितीय स्थान में वृश्चिक राशि का हो, शुक्र भी वृश्चिक राशि में स्थित हो तो जातक की स्त्री आत्महत्या करती है ।

(6) तुला लग्न में शनि सप्तम भाव में चंद्रमा के साथ से तथा लग्न में सूर्य हो तो ऐसे जातक के विवाह में भयंकर बाधा आती है । विलंब विवाह तो निश्चित है । अविवाह की स्थिति भी बन सकती है ।

(7) तुला लग्न में शनि द्वादशस्थ हो, द्वितीय स्थान में सूर्य हो तथा लग्नेश शुक्र निर्बल हो तो जातक का विवाह नहीं होता ।

(8) तुला लग्न में शनि छठे हो, सूर्य अष्टम में हो एवं सप्तमेश मंगल बलहीन हो तो ऐसे जातक का विवाह नहीं होता ।

(9) तुला लग्न में सूर्य, शनि और शुक्र की युति हो, सप्तमेश मंगल बलहीन हो तो ऐसे जातक का विवाह नहीं होता ।

(10) तुला लग्न में शुक्र दसम या लाभ स्थान में हो, शुक्र से द्वितीय या द्वादश स्थान में सूर्य या चंद्रमा हो तो ऐसे जातक का विवाह नहीं होता ।

(11) तुला लग्न में द्वितीयेश मंगल वक्री हो अथवा द्वितीय स्थान में कोई भी ग्रह वक्री होकर बैठा हो तो जातक के विवाह में अत्यधिक अवरोध उत्पन्न होता है ।

(12) राहु या केतु सप्तमभाव या नवम भाव में क्रूर ग्रहों से युक्त होकर बैठे हों तो निश्चय ही जातक का विवाह विलंब से होता है । ऐसा जातक प्राय: अंतर्जातीय विवाह करता है ।

(13) तुला लग्न में सप्तमेश मंगल वक्री हो, सप्तम भाव में कोई ग्रह वक्री हो अथवा किसी भी वक्री ग्रह की सप्तम भाव पर दृष्टि हो तो जातक के विवाह में अवरोध आते हैं और विवाह समय पर संपन्न नहीं होता ।

(14) तुला लग्न वालों के लिए शनि का द्वितीयस्थ होना और मंगल का अष्टमस्थ होना बहुत अनिष्टकारक है । ऐसे जातक का विवाह होता नहीं । विवाह हो भी जाए तो जातक को वैवाहिक सुख से वंचित रहना पड़ता है ।

(15) तुला लग्न में सप्तमेश मंगल यदि शनि से दृष्ट हो तो विवाह में विलंब व ससुराल से खटपट रहती है ।

(16) तुला लग्न में राहु यदि सप्तमभाव में मंगल की राशि में हो तो ऐसी स्त्री को वैधव्य दु:ख भोगना पड़ता है ।

(17) तुला लग्न में चंद्रमा चर राशि (मेष, कर्क, तुला, मकर) में हो, पाप ग्रह केंद्र में हो, शुभग्रह उन्हें न देखें तो ऐसी स्त्री विवाह के पूर्व अन्य पुरुषों से संसर्ग करती है ।

(18) तुला लग्न में सप्तम भावस्थ मंगल पर शनि की दृष्टि हो तो जातक में प्रबल कामवासना होती है । ऐसा जातक स्त्री का यौनांग का स्पर्श अपने मुंह से करता है । यदि ऐसे मंगल के साथ राहु हो तो जातक अपने आश्रय में रहने वाली सेविका से यौन संबंध रखता है ।

(19) तुला लग्न वाली कुंडली में कुंभ का नवमांश हो तो ऐसी स्त्री किसी अन्य स्त्री की सहायता से अपनी काम पिपासा शांत करती है अर्थात् अपने साथ रमण कराने के लिए अन्य स्त्री से पुरुष के समान आचरण कराती है । यदि यह योग पुरुष की कुंडली में हो तो जातक समलैंगिक यौनाचार करता है ।

(20) तुला लग्न में सप्तमेश मंगल यदि चरराशि में हो तो स्त्री का पति परदेश में रहेगा । ऐसे में यदि बुध व शनि सप्तम भाव में हो तो स्त्री का पति नपुंसक होगा ।

(21) तुला लग्न में मंगल आठवें हो तो स्त्री मृगनयनी एवं कुटिल होती है । ऐसी स्त्री

प्रेमविवाह करती है तथा स्वच्छंद यौनाचार में विश्वास रखती है ।

(22) तुला लग्न में लग्नस्थ सूर्य और मंगल यदि शुभ ग्रहों से दृष्ट न हो तो ऐसी स्त्री विधवा होती है ।

(23) तुला लग्न में द्वितीयेश मंगल शनि से युत हो एवं शुभ ग्रहों से दृष्ट न हो, तो ऐसी स्त्री व्यभिचारिणी होती है ।

(24) तुला लग्न में चंद्रमा यदि (1/3/5/7/9/11) राशि में हो तो ऐसी स्त्री पुरुष की तरह कठोर स्वभाव वाली एवं साहसिक प्रकृति की महिला होती है ।

(25) तुला लग्न में यदि सूर्य, मंगल, गुरु, चंद्र, बुध, शुक्र व शनि बलवान हो तो ऐसी स्त्री गलत सोहबत या परिस्थिति वश पर पुरुष की अंकशायिनी बन सकती है ।

(26) तुला लग्न में सप्तमेश मंगल यदि चरराशि (1/4/7/10) में हो तो ऐसी स्त्री का पति निरंतर प्रवास में रहता है ।

(27) जातकपारिजात के अनुसार तुला लग्न में उत्पन्न कन्याएं सुंदर होती हैं । यदि चंद्रमा लग्न में हो तो ऐसी स्त्री पति की प्रिया प्राण वल्लभा होती है ।

(28) तुला लग्न में स्वगृही शुक्र लग्न में हो तो 'द्विभार्यायोग' बनता है । ऐसा जातक दो नारियों के साथ रमण करता है ।

(29) तुला लग्न में सप्तमेश मंगल द्वितीय या द्वादश भाव में हो तो पूर्ण व्यभिचारी योग बनता है । ऐसा पुरुष जीवन में अनेक स्त्रियों से संभोग करता है ।

वृश्चिक लग्न और विवाहयोग

(1) चतुर्थ भाव में अकेला शनि हो तो घर में पत्नी का शासन चलता है तथा जातक के वीर्य में न्यूनता रहती है ।

(2) सप्तम भाव में शुक्र, शनि व राहु की युति व्यक्ति को धूर्त, लंपट व निश्चय ही पर स्त्रीगामी या पर पुरुषगामी बना देती है ।

(3) वृश्चिक, लग्न में चंद्रमा हो, शुक्र वृश्चिक राशि का हो और उसे पाप ग्रह देखते हों तो जातक स्त्री पर पुरुषगामिनी होती है ।

(4) वृश्चिक लग्न में शनि लग्नस्थ चंद्रमा के साथ में हो तथा सप्तम भाव में सूर्य हो तो ऐसे जातक के विवाह में भयंकर बाधा आती है । विलंब विवाह तो निश्चित है । अविवाह की स्थिति भी बन सकती है ।

(5) वृश्चिक लग्न में शनि, छठे, आठवें या बारहवें हो, सूर्य द्वितीय भाव में हो और लग्नेश मंगल निर्बल हो तो जातक का विवाह नहीं होता ।

(6) वृश्चिक लग्न में शनि छठे हो, सूर्य अष्टम में हो एवं सप्तमेश शुक्र बलहीन हो तो जातक का विवाह नहीं होता ।

(7) वृश्चिक लग्न में सूर्य, शनि व शुक्र एकत्रित कहीं भी हों, मंगल निर्बल हो तो जातक का विवाह नहीं होता ।

(8) वृश्चिक लग्न में शुक्र आठवें हो, शुक्र से द्वितीय या द्वादश स्थान सूर्य या चंद्रमा हो तो जातक का विवाह नहीं होता ।

(9) वृश्चिक लग्न में सप्तमेश शुक्र के साथ सूर्य और चंद्रमा स्थित हो तो ऐसे में

शुक्र अत्यंत पापी हो जाता है। ऐसी स्थिति में प्रथमत: जातक को अविवाहित की तरह जीवन यापन करना पड़ता है।

(10) राहु या केतु सप्तमभाव या नवम भाव में क्रूर ग्रहों से युक्त होकर बैठे हों तो निश्चय ही जातक का विवाह विलंब से होता है। ऐसा जातक प्राय: अंतर्जातीय विवाह करता है।

(11) वृश्चिक लग्न में शनि या मंगल लग्नगत हो या नवमांश कुंडली लग्न से सप्तमभाव वाली हो तो जातक के दो विवाह होते हैं।

(12) वृश्चिक लग्न में द्वितीयेश बृहस्पति वक्री हो अथवा द्वितीयभाव में कोई भी ग्रह वक्री होकर बैठा हो तो जातक के विवाह में अत्यधिक अवरोध उत्पन्न होता है।

(13) वृश्चिक लग्न में सप्तमेश शुक्र वक्री हो, सप्तमभाव में कोई ग्रह वक्री हो अथवा किसी भी वक्री ग्रह की सप्तम भाव पर दृष्टि हो तो जातक के विवाह में अवरोध आता है। विवाह समय पर संपन्न नहीं होता।

(14) वृश्चिक लग्न हो, लग्न में चंद्रमा व शुक्र हो, पापग्रह उन्हें देखते हों तो ऐसी स्त्री पर पुरुष गामिनी होती है। उसके इस व्यभिचार कर्म में उसकी माता या मातृतुल्य किसी वृद्धा स्त्री का पूर्ण सहयोग होता है।

(15) वृश्चिक लग्न में चंद्रमा यदि (वृष, सिंह, वृश्चिक, कुंभ) राशि में हो तो ऐसी स्त्री अक्षतयोनि होती है।

(16) वृश्चिक लग्न में सूर्य आठवें शुभ ग्रहों से दृष्ट न हो तो ऐसी स्त्री नित नूतन वस्त्र पहन कर परपुरुषों का संग करती है एवं कुल की मर्यादा को नष्ट कर देती है।

(17) वृश्चिक लग्न में मंगल आठवें हो तो स्त्री मृगनयनी एवं कुटिल होती है। ऐसी स्त्री प्रेमविवाह करती है तथा स्वच्छंद यौनाचार में विश्वास रखती है।

(18) वृश्चिक लग्न में सप्तमेश शुक्र बारहवें हो, साथ में सूर्य, चंद्र एवं बुध हो तो ऐसे जातक की पत्नी अल्पायु में गुजर जाती है। जातक अपनी साली या ससुराल पक्ष की अन्य स्त्री से विवाह करता है।

(19) वृश्चिक लग्न में शुक्र सप्तम में हो, शुभ ग्रह उसे देखते हों तो जातक की पत्नी अत्यंत सुंदर, स्त्री-धर्म परायण एवं पतिव्रता होती है तथा विवाह के बाद पति के सौभाग्य को चमकाती है।

(20) वृश्चिक में उच्च का चंद्र यदि सप्तम भाव में हो स्त्री सुंदर, चतुर, पतिप्रिया, मधुरभाषिणी, धार्मिक, लज्जाशील, विवेकयुक्त, धनी एवं पतिसुख से परिपूर्ण होती है।

(21) वृश्चिक लग्न में पापग्रहों से दृष्ट शुक्र एवं चंद्रमा कहीं भी बैठे हों तो ऐसी स्त्री व्यभिचारिणी होती है।

(22) वृश्चिक लग्न में चंद्रमा यदि (2/4/6/8/10/12) राशि में हो तो ऐसी स्त्री अत्यंत

कोमल व मृदुस्वभाव की महिला होती है।

(23) वृश्चिक लग्न में गुरु, बुध, शुक्र एवं मंगल बलवान हो तो ऐसी स्त्री विख्यात विदुषी, सच्चरित्रवाली एवं सभ्य महिला होती है।

(24) वृश्चिक लग्न में चंद्र और शुक्र लग्नस्थ, पापग्रहों से दृष्ट हो, तो ऐसी स्त्री अपनी माता सहित परपुरुष गामिनी होती है।

(25) वृश्चिक लग्न में चंद्र और शुक्र लग्नस्थ हों तथा पंचम स्थान पापग्रहों से दृष्ट हो वह नारी वंध्या होती है।

(26) वृश्चिक लग्न में चंद्रमा आठवें स्वगृही बुध के साथ हो तो ऐसी स्त्री काक वंध्या होती है अर्थात् एक बार ही प्रसूता होती है।

(27) वृश्चिक लग्न में सप्तमेश शुक्र स्थिर राशि (वृष, सिंह, वृश्चिक या कुंभ) में हो तथा चंद्रमा चर राशि (मेष, कर्क, तुला या मकर) में हो तो ऐसे जातक का विवाह विलंब से होता है।

(28) वृश्चिक लग्न में लग्नस्थ मंगल के साथ अष्टमेश बुध हो तो 'द्विभार्यायोग' बनता है। ऐसा जातक दो नारियों से रमण करता है।

(29) वृश्चिक लग्न में सप्तमेश शुक्र यदि द्वितीय या द्वादश स्थान में हो तो पूर्ण 'व्यभिचारी योग' बनता है। ऐसा पुरुष जीवन में अनेक स्त्रियों से संभोग करता है।

(30) वृश्चिक लग्न में वृषभ का शुक्र सातवें दो अन्य शुभ ग्रहों के साथ हो तो ऐसी स्त्री इंद्राणी के समान तेजस्वी, पति प्राणवल्लभा एवं यशस्विनी होती है।

धनु लग्न और विवाहयोग

(1) चंद्रमा से 1/8/7/4/12 इन स्थानों में राहु तथा मंगल व शनि हो तो उस पुरुष की स्त्री का नाश होता है ।

(2) सप्तम भाव में मिथुन का मंगल हो तो व्यक्ति शौकीन, परस्त्रीगामी व कामांध होता है ।

(3) मिथुन राशि में सप्तम स्थान में मंगल-शुक्र हों तो उस जातक की स्त्री की मृत्यु जलने से या घावों के सड़ने से होती है ।

(4) लग्न में चंद्रमा और शुक्र यदि शनि या मंगल से युक्त हो तथा पंचम भाव पर पापग्रह की दृष्टि हो तो वह स्त्री बंध्या होती है ।

(5) धनु लग्न में शनि लग्नस्थ चंद्रमा के साथ हो तथा सप्तम भाव में सूर्य हो तो ऐसे जातक के विवाह में भयंकर बाधा आती है । विलंब विवाह तो निश्चित है । अविवाह की स्थिति भी बन सकती है ।

(6) धनुलग्न में शनि द्वादशस्थ हो, द्वितीय भाव में सूर्य हो और लग्नेश बृहस्पति निर्बल हो तो जातक का विवाह नहीं होता ।

(7) धनु लग्न में शनि छठे हो, सूर्य अष्टम में हो एवं सप्तमेश बुध बलहीन हो तो जातक का विवाह नहीं होता ।

(8) धनु लग्न में सूर्य, शनि एवं शुक्र साथ में कहीं भी बैठे हों, सप्तमेश बुध कमजोर हो तो जातक का विवाह नहीं होता ।

(10) धनु लग्न में राहु या केतु हो, शुक्र, मिथुन, सिंह, कन्या, धनु (वंध्या) राशिगत हो

तो विवाह विलंब से होता है तथा जातक को अपने जीवन साथी से तृप्ति नहीं मिलती।

(11) राहु या केतु सप्तमभाव या नवम भाव में क्रूर ग्रहों से युक्त होकर बैठे हों तो निश्चय ही जातक का विवाह विलंब से होता है। ऐसा जातक प्राय: अंतर्जातीय विवाह करता है।

(12) धनु लग्न में द्वितीयेश शनि वक्री हो अथवा द्वितीय स्थान में कोई भी ग्रह वक्री होकर बैठा हो तो जातक के विवाह में अत्यधिक अवरोध उत्पन्न होता है।

(13) धनु लग्न में सप्तमेश बुध अस्त हो, सप्तम भाव में कोई वक्री ग्रह हो, अथवा किसी वक्री ग्रह की सप्तम भाव पर दृष्टि हो तो जातक के विवाह में अवरोध आता है और विवाह समय पर संपन्न नहीं होता।

(14) धनु लग्न में द्वितीयेश शनि मंगल से परस्पर दृष्ट हो तो विवाह विलंब से होता है तथा ससुराल में खटपट रहती है।

(15) धनु लग्न में राहु यदि मंगल की राशि में बारहवें स्थान में हो तो ऐसी स्त्री को वैधव्य दु:ख भोगना पड़ता है।

(16) धनु लग्न में सप्तमेश बुध आठवें स्थान में पापग्रहों से युत हो या पापमध्य हो तो ऐसा जातक अपने जीवन साथी की हत्या करता है।

(17) धनु लग्न में सूर्य आठवें शुभ ग्रहों से दृष्ट न हो तो ऐसी स्त्री नितनूतन वस्त्र-अलंकार पहन कर परपुरुषों का संग करती है एवं कुल की मर्यादा को नष्ट कर देती है।

(18) धनु लग्न में मंगल आठवें हो तो ऐसी स्त्री मृगनयनी एवं कुटिल स्वभाव की होती है। प्राय: प्रेमविवाह करती हुई, स्वच्छंद यौनाचार में विश्वास रखती है।

(19) धनु लग्न में सप्तम भाव में चंद्रमा शुभग्रहों से दृष्ट न हो, सप्तमेश बुध पापग्रहों से युत या दृष्ट हो तो ऐसा जातक अंतर्जातीय विवाह करता है।

(20) धनु लग्न में सप्तमेश बुध के साथ शुक्र छठे स्थान में हो तो ऐसा व्यक्ति सहवास के अयोग्य होता है अर्थात् व्यक्ति नपुंसक होता है।

(21) धनु लग्न में शुक्र सप्तम भाव में हो तथा आठवें स्थान में मंगल या शनि हो तो ऐसी स्त्री कुल को कलंक लगाने वाली, कई घरों से निवास करती हुई अंत में बंध्या का जीवन व्यतीत करती है।

(22) धनु लग्न में चंद्रमा यदि (1/3/5/7/9/11) राशि में हो तो ऐसी स्त्री पुरुष के समान कठोर स्वभाव वाली एवं साहसिक प्रकृति की महिला होती है।

(23) धनु लग्न में यदि सूर्य, मंगल, गुरु, चंद्र, बुध व शुक्र बलवान हो तो ऐसी स्त्री गलत सोहबत या परिस्थिति वश परपुरुष की अंकशायिनी बन सकती है।

(24) धनु लग्न में चंद्रमा अष्टम में कर्क राशि का स्वगृही हो तो ऐसी कन्या बांझ होती

है।

(25) धनु लग्न में चंद्रमा अष्टम में कर्क राशि के बुध के साथ हो तो ऐसी स्त्री काकवंध्या होती है अर्थात् एक बार प्रसूता होती है।

(26) धनु लग्न में लग्नस्थ बृहस्पति के साथ यदि चंद्रमा हो तो 'द्विभार्यायोग' बनता है। ऐसा जातक दो नारियों के साथ रमण करता है।

(27) धनु लग्न में बुध सप्तम भाव में शुभग्रहों से दृष्ट न हो तो ऐसा जातक एक साथ में दो स्त्रियों से प्रेम रखता है। अर्थात् विवाहिता पत्नी के अतिरिक्त उसके उपपत्नी भी होती है।

(28) धनु लग्न में सप्तमेश बुध यदि द्वितीय या द्वादश भाव में हो तो पूर्ण 'व्यभिचारी योग' बनता है। ऐसा पुरुष जीवन में अनेक स्त्रियों के साथ संभोग करता है।

(29) धनु लग्न में वृश्चिक का राहु बारहवें हो तो स्त्री विधवा होती है।

मकर लग्न और विवाहयोग

(1) स्व का द्वितीय भाव में शनि कुंभ राशिस्थ हो, राहु व मंगल की युति शनि के साथ हो, पत्नी भाव में शुक्र-गुरु हो और 8 वें भाव में अर्थात् सिंह राशि में सूर्य-चंद्रमा हो तो वह जातक निश्चय ही वेश्यागामी होता है ।

(2) कन्या जातक की जन्म-कुंडली हो तथा सप्तम भाव में अर्थात् कर्क राशि में सूर्य-मंगल हो तो वैधव्य भोगना पड़ता है ।

(3) स्त्री की जन्म-कुंडली हो तथा मकर लग्न हो और लग्न में सूर्य-मंगल हो तो वह स्त्री विधवा होती है । राहु या केतु हो तो संतान का नाश, शनि हो तो दरिद्री होती है ।

(4) मकर लग्न की स्त्री-कुंडली में सप्तम भाव में सूर्य हो तो वह पति को त्याग देती है, यदि मंगल सप्तम भाव में हो तो जातक स्त्री अवश्य विधवा हो, यदि शनि सप्तम भाव में हो तो बड़ी होने पर विवाह होता है, चंद्रमा अपूर्व सौंदर्य व बुध रहे तो अतुल सौभाग्य प्राप्त होता है, गुरु सर्व-सुख प्रदान करता है तथा शुक्र भोग-लालसा में वृद्धि करता है ।

(5) सप्तमेश, नवमेश व शुक्र साथ हों तो ससुराल से अर्थ की प्राप्ति होती है ।

(6) चतुर्थेश मंगल व सप्तमेश चंद्रमा सप्तम भाव में ही स्थित हो तो जातक को ससुराल से अर्थ प्राप्ति होती है ।

(7) मकर लग्न में लग्नस्थ शनि चंद्रमा के साथ हो तथा सप्तम भाव में सूर्य हो तो ऐसे जातक के विवाह में भयंकर बाधा आती है । विलंब विवाह तो निश्चित है ।

अविवाह की स्थिति भी बन सकती है।

(8) मकर लग्न में शनि चंद्रमा यदि एक-दूसरे को परस्पर देख रहे हों तो विवाह विलंब से होता है।

(9) मकर लग्न में शनि द्वादशस्थ हो, द्वितीय में सूर्य हो तो जातक का विवाह नहीं होता।

(10) मकर लग्न में शनि छठे हो, सूर्य आठवें हो एवं सप्तमेश चंद्रमा बलहीन हो तो जातक का विवाह नहीं होता।

(11) मकर लग्न में सूर्य, शनि व शुक्र साथ कहीं भी बैठे हों, चंद्रमा निर्बल हो तो जातक का विवाह नहीं होता।

(12) मकर लग्न में शुक्र कर्क या सिंह राशि में हो तथा सूर्य या चंद्रमा से द्वितीय या द्वादश स्थान में हो तो जातक का विवाह नहीं होता।

(13) राहु या केतु सप्तमभाव या नवम भाव में क्रूर ग्रहों से युक्त होकर बैठे हों तो निश्चय ही जातक का विवाह विलंब से होता है। ऐसा जातक प्राय: अंतर्जातीय विवाह करता है।

(14) मकर लग्न में द्वितीयेश शनि वक्री हो अथवा द्वितीय भाव में कोई भी ग्रह वक्री होकर बैठा हो तो जातक के विवाह में अत्यधिक अवरोध उत्पन्न होता है।

(15) मकर लग्न में सप्तमेश चंद्रमा अस्त हो, सप्तम भाव में कोई ग्रह वक्री हो अथवा किसी वक्री ग्रह की सप्तम भाव पर दृष्टि हो तो जातक के विवाह में अवरोध आता है और विवाह समय पर संपन्न नहीं होता।

(16) मकर लग्न में द्वितीयेश शनि, मंगल से परस्पर दृष्ट हो तो विवाह विलंब से होता है और ससुराल से खटपट रहती है।

(17) मकर लग्न में बृहस्पति तृतीय या सप्तम भाव में हो तो जातक एक पत्नीव्रत एवं भारतीय परंपरा में विश्वास रखता है। आयु के 34 वें वर्ष में उसे विशिष्ट पद-प्रतिष्ठा, मान-सम्मान की प्राप्ति होती है। ससुराल से प्रचुर धन व मान मिलता है।

(18) मकर में सूर्य या मंगल यदि सप्तम भाव में हो तो ऐसी स्त्री परपुरुषों के साथ रमण करती है।

(19) मकर लग्न हो, लग्न में चंद्रमा व शुक्र स्थित हो, उन्हें पापग्रह देखते हों तो ऐसी स्त्री परपुरुष-गामिनी होती है। उसके व्यभिचार में उसकी माता या मातातुल्य अन्य वृद्ध स्त्री का पूर्ण सहयोग होता है।

(20) मकर लग्न में सातवें सूर्य, शुभग्रहों से दृष्ट न हो तो स्त्री पति द्वारा त्याग दी जाती है अर्थात् उसे तलाक होती है।

(21) मकर लग्न हो, चंद्रमा चरराशि (मेष, कर्क, तुला, मकर) में हो, पापग्रह केंद्र में शुभ

ग्रहों से दृष्ट न हो तो ऐसी स्त्री विवाह के पूर्व अन्य पुरुषों से संसर्ग करती है।

(22) मकर लग्न में सप्तमेश चंद्रमा यदि चरराशि में हो तो स्त्री का पति परदेश में रहेगा। ऐसे में बुध व शनि दोनों ही यदि सप्तम भाव में हों तो स्त्री का पति नपुंसक होगा।

(23) मकर लग्न के सप्तम स्थान में मंगल एवं सूर्य स्थित हो तो ऐसी स्त्री कई पुरुषों के साथ रमण करती है।

(24) मकर लग्न में सूर्य व चंद्रमा सप्तम स्थान में हो तो ऐसी स्त्री अपने पति की इच्छा से परपुरुष में आसक्त रहती है।

(25) मकर लग्न में सूर्य एवं मंगल सप्तम भाव में हो तथा लग्न या चंद्रमा पापपीड़ित हो तो ऐसी स्त्री विवाह के सात या आठ वर्ष बाद ही विधवा हो जाती है।

(26) मकर लग्न में षष्टेश बुध राहु एक साथ होकर लग्नेश शनि से किसी प्रकार का संबंध करें तो जातक नपुंसक होता है।

(27) मकर लग्न के सप्तम भाव में कर्क का मंगल हो तो ऐसी स्त्री स्वेच्छाचारिणी होती है तथा विषय-भोग में अधैर्यशाली होती है।

(28) मकर लग्न में पापग्रह से दृष्ट चंद्रमा एवं शुक्र कहीं भी बैठे हों तो ऐसी स्त्री व्यभिचारिणी होती है।

(29) मकर लग्न के सप्तम भाव में शनि एवं मंगल, शुभ ग्रहों से दृष्ट न हो तो ऐसी स्त्री उत्तम कुल में जन्म लेने पर भी पति को त्याग कर व्यभिचारिणी बन जाती है अथवा विधवा भी हो सकती है।

(30) मकर लग्न में चंद्रमा यदि (2/4/6/8/10/12) राशि में हो तो ऐसी महिला अत्यंत कोमल एवं मृदुस्वभाव वाली होती है।

(31) मकर लग्न में गुरु, बुध, शुक्र, एवं मंगल बलवान हो तो ऐसी स्त्री विख्यात विदुषी, सच्चरित्र वाली सभ्य महिला होती है।

(32) मकर लग्न में सप्तमेश चंद्रमा यदि चरराशि (1/4/7/10) में हो तो ऐसी स्त्री का पति निरंतर प्रवास में रहता है।

(33) मकर लग्न में चंद्रमा व शुक्र लग्नस्थ, पापग्रह से दृष्ट हो तो ऐसी स्त्री माता सहित परपुरुष गामिनी होती है।

(34) मकर लग्न में चंद्रमा और शुक्र लग्नस्थ हो तथा पंचम भाव पापग्रहों से दृष्ट हो तो ऐसी नारी बंध्या होती है।

(35) मकर लग्न में सूर्य अष्टम में सिंह राशि का स्वगृही हो तो ऐसी कन्या बांझ होती है।

(36) मकर लग्न में लग्नस्थ शनि के साथ अष्टमेश सूर्य हो तो 'द्विभार्यायोग' बनता है। ऐसा जातक दो नारियों के साथ रमण करता है।

(37) मकर लग्न में बुध, शुक्र और शनि ये तीनों ग्रह यदि दसम भाव में हों तो ऐसा पुरुष व्यभिचारी होता है ।

(38) मकर लग्न में सप्तमेश चंद्रमा यदि द्वितीय या द्वादश स्थान में हो तो पूर्ण 'व्यभिचारी योग' बनता है । ऐसा पुरुष जीवन में अनेक स्त्रियों के साथ संभोग करता है ।

(39) मकर लग्न में चंद्रमा पापग्रहों के नवमांश में हो तो ऐसे पुरुष की पत्नी कर्कशा व झगड़ालू होती है । जिससे जातक स्वयं दुःखी हो जाता है ।

(40) मकर लग्न में यदि पंचमेश शुक्र छठे, आठवें या बारहवें स्थान में हो तो ऐसे व्यक्ति का विवाह वृद्धावस्था में होता है ।

(41) मकर लग्न में सूर्य सातवें हो तो ऐसे पुरुष की पत्नी अल्पजीवी होती है ।

कुंभ लग्न और विवाहयोग

(1) सप्तम भाव में सूर्य हो तो जातक की स्त्री साहसी, लड़ाकू एवं दृढ़ विचारों वाली होती है ।

(2) कुंभ लग्न की कुंडली में सप्तमेश सूर्य यदि पंचम भाव में अर्थात् मिथुन राशि में हो तो जातक पुत्र-रहित या स्त्री-रहित होता है ।

(3) शुक्र, सप्तमेश सूर्य तथा भाग्येश एक साथ हों तो जातक को ससुराल से धन प्राप्त होता है ।

(4) कुंभ लग्न में शनि चंद्रमा के साथ लग्न में हो, सप्तम में सूर्य हो तो ऐसे जातक के विवाह में भयंकर बाधा आती है । विलंब विवाह तो निश्चित है पर अविवाह की स्थिति भी बन सकती है ।

(5) कुंभ लग्न में शनि द्वादशस्थ हो, द्वितीय में सूर्य हो और पापग्रस्त हो तो जातक का विवाह नहीं होता ।

(6) कुंभ लग्न में शनि छठे, सूर्य अष्टम में पापपीड़ित हो तो ऐसे जातक का विवाह नहीं होता ।

(7) कुंभ लग्न में सूर्य, शनि और शुक्र एक साथ कहीं भी बैठे हों तो जातक को दांपत्य सुख नहीं मिलता ।

(8) कुंभ लग्न में शुक्र कर्क या सिंह राशि का हो तथा सूर्य या चंद्रमा शुक्र से द्वितीय या द्वादश स्थान में हो तो जातक का विवाह नहीं होता ।

(9) कुंभ लग्न में द्वितीयेश बृहस्पति वक्री हो अथवा द्वितीय स्थान में कोई भी ग्रह

वक्री होकर बैठा हो तो विवाह में अत्यधिक अवरोध उत्पन्न होता है ।

(10) राहु या केतु सप्तमभाव या नवम भाव में क्रूर ग्रहों से युक्त होकर बैठे हों तो निश्चय ही जातक का विवाह विलंब से होता है । ऐसा जातक प्राय: अन्तर्जातीय विवाह करता है ।

(11) कुंभ लग्न में सूर्य निर्बल हो, सप्तम भाव में कोई ग्रह वक्री हो अथवा किसी भी वक्री ग्रह की सप्तम भाव पर दृष्टि हो तो विवाह में अवरोध आता है और विवाह समय पर संपन्न नहीं होता ।

(12) कुंभ लग्न हो, लग्न में चंद्रमा व शुक्र स्थित हो, पापग्रह उन्हें देखते हों तो ऐसी स्त्री परपुरुष गामिनी होती है । उसके इस व्यभिचार कर्म में उसकी माता या मातृतुल्य अन्य वृद्धा स्त्री का पूर्ण सहयोग होता है ।

(13) कुंभ लग्न में चंद्रमा स्थिर राशि (वृष, सिंह, वृश्चिक, कुंभ) में हो तो ऐसी स्त्री अक्षतयोनि होती है ।

(14) कुंभ लग्न में सप्तम भाव में मंगल हो, सप्तमेश सूर्य बुध व राहु के साथ पांचवें हो तो जातक सर्वसमर्थ सुंदर व भाग्यशाली होते हुए, भी जातक का विवाह सही समय पर नहीं होता ।

(15) कुंभ लग्न में शनि सातवें हो, सप्तमेश सूर्य आठवें हो तो जातक एक पत्नी के होते हुए दूसरा विवाह करता है । भले ही शुभ ग्रह सप्तम भाव को देखते हों तो भी जातक को पहली पत्नी से धोखा मिलता है या तलाक होती है ।

(16) कुंभ लग्न में शनि व मंगल लग्नस्थ हो, सप्तमेश सूर्य बारहवें हो, चतुर्थ या दसम में पाप ग्रह हो तो ऐसी स्त्री एक पति को त्याग कर दूसरा वरण करती है । स्वच्छंद यौनाचार में विश्वास रखती है । वैवाहिक जीवन में निराशा हाथ लगती है । ऐसी महिला पति पर हुक्म चलाती है तथा पति को हीन दृष्टि से देखती है ।

(17) कुंभ लग्न में पापग्रहों से दृष्ट शुक्र एवं चंद्रमा कही भी बैठे हों तो ऐसी स्त्री व्यभिचारिणी होती है ।

(18) कुंभ लग्न में शनि एवं मंगल सप्तम भाव में शुभग्रहों से दृष्ट न हो तो ऐसी स्त्री उत्तम कुल में जन्म लेने पर भी पति को त्याग कर व्यभिचारिणी हो जाती है अथवा विधवा भी हो सकती है ।

(19) कुंभ लग्न में चंद्रमा यदि (1/3/5/7/9/11) राशि में हो तो ऐसी स्त्री पुरुष के समान कठोर स्वभाव वाली, साहसिक प्रवृत्ति की होती है ।

(20) कुंभ लग्न में यदि सूर्य, मंगल, गुरु, चंद्र, बुध, एवं शनि बलवान हो तो ऐसी स्त्री गलत सोहबत या परिस्थितिवश परपुरुष की अंकशायिनी बन सकती है ।

(21) कुंभ लग्न में लग्नस्थ चंद्रमा व शुक्र पापग्रहों से दृष्ट हो तो ऐसी स्त्री माता सहित परपुरुष गामिनी होती है ।

(22) कुंभ लग्न में चंद्रमा और शुक्र लग्नस्थ हो तथा पंचमभाव पापग्रहों से दृष्ट हो तो ऐसी नारी वंध्या होती है ।

(23) कुंभ लग्न में चंद्रमा आठवें उच्च के बुध के साथ हो तो ऐसी स्त्री काकवंध्या होती है अर्थात् एक बार ही प्रसूता होती है ।

(24) कुंभ लग्न में सप्तमेश सूर्य स्थिर राशि (वृष, सिंह, वृश्चिक या कुंभ) में हो तथा चंद्रमा चर राशि (मेष, कर्क, तुला या मकर) में हो तो ऐसे जातक का विवाह विलंब से होता है ।

(25) कुंभ लग्न में लग्नस्थ शनि के साथ अष्टमेश बुध हो तो "द्विभार्यायोग" बनता है । ऐसा जातक दो नारियों के साथ रमण करता है ।

(26) कुंभ लग्न में सप्तमेश सूर्य यदि द्वितीय या द्वादश स्थान में हो तो पूर्ण "व्यभिचारी योग" बनता है । ऐसा पुरुष जीवन में अनेक स्त्रियों के साथ संभोग करता है ।

(27) कुंभ लग्न में सूर्य यदि पापग्रह की राशि में हो, पापग्रस्त या पापदृष्ट हो तो ऐसे पुरुष की पत्नी कलहप्रिया एवं झगड़ालू होती है जिससे जातक स्वयं दुःखी हो जाता है ।

(28) कुंभ लग्न में उच्च का चंद्र चौथे, गुरु दसम में हो तो ऐसी स्त्री देवताओं के समान श्रेष्ठ, पति का पराक्रम बढ़ाने वाली, राज पत्नी पुत्र-पौत्र से युक्त होती है ।

मीन लग्न और विवाह योग

(1) मीन जातक की कुंडली में अष्टमेश की दृष्टि सप्तम भाव पर हो तो जातक स्त्री दुराचारिणी होती है ।

(2) मीन लग्न हो तथा जातक स्त्री का बुध उच्च का हो तो वह नारी कवि हृदय, सौभाग्यशालिनी और सुंदर गुणों से मंडित होती है । ऐसी नारी जीवन के समस्त ऐश्वर्य भोगती है ।

(3) सप्तम स्थान में सूर्य या उसका नवमांश हो तो उस स्त्री का पति लेखक, विचारक अथवा अफसर होता है, परंतु रतिचर्या में स्त्री पति से प्रसन्न नहीं रहती ।

(4) लग्न में सूर्य, शनि तथा सप्तम भाव में बुध हो तो जातक का गृहस्थ जीवन कलहपूर्ण रहता है ।

(5) मंगल यदि छठे भावस्थ हो, सप्तम भाव में राहु, अष्टम भाव में शनि हो तो जातक की स्त्री जीवित नहीं रहती ।

(6) लग्न में मीन का सूर्य हो, द्वितीय स्थान में मेष का सूर्य, सप्तम में कन्या में पाप ग्रह के साथ चंद्रमा हो तो स्त्री हेतुक मरण घर में हो ।

(7) सप्तमेश पाप ग्रह से युति करे, या दूसरे अथवा सप्तम भाव में मंगल, राहु, सूर्य, शनि में से कोई हो या शुक्र लाभ स्थान में या नीच की राशि में हो अथवा सूर्य अपने ही घर में या द्वादश स्थान में हो तो जातक दूसरा विवाह अवश्य करता है ।

(8) शनि द्वितीय स्थान में हो और राहु सप्तम भवन में हो तो जातक दो विवाह करता

है ।

(9) यदि द्वितीयेश व सप्तमेश या शुक्र सातवें घर में हो और दूसरे व 7वें घरों पर शुभ ग्रहों की दृष्टि हो तो जितने ही शुभ ग्रहों की दृष्टि हो उतनी ही पत्नियां हों या उतनी ही स्त्रियों से सुख हो पर यदि क्रूर ग्रह से युक्त ये स्थान या शुक्र हों तो यह योग नहीं होता ।

(10) नवमेश, सप्तमेश परस्पर स्थान परिवर्तन करते हों तो जातक का, भाग्योदय अपनी-अपनी पत्नी के कारण होता है ।

(11) मीन लग्न में शनि लग्नस्थ चंद्रमा के साथ हो तथा सप्तम भाव में सूर्य हो तो ऐसे जातक के विवाह में भयंकर बाधा आती है । विलंब विवाह तो निश्चित है । अविवाह की स्थिति भी बन सकती है ।

(12) मीन लग्न में शनि द्वादशस्थ हो, द्वितीय भाव में सूर्य हो, लग्नेश बृहस्पति निर्बल हो तो जातक का विवाह नहीं होता ।

(13) मीन लग्न में शनि छठे, सूर्य आठवें हो एवं सप्तमेश बुध निर्बल हो तो जातक का विवाह नहीं होता ।

(14) मीन लग्न में सूर्य, शनि और शुक्र की युति कहीं भी हो, सप्तमेश बुध हीन बली हो तो जातक का विवाह नहीं होता ।

(15) मीन लग्न में शुक्र कर्क या सिंह राशि का हो तथा सूर्य या चंद्रमा शुक्र से द्वितीय या द्वादश स्थान में हो तो जातक का विवाह नहीं होता ।

(16) मीन लग्न द्वितीयेश मंगल वक्री हो अथवा द्वितीय भाव में कोई भी ग्रह वक्री होकर बैठा हो तो जातक के विवाह में अत्यधिक अवरोध उत्पन्न होता है ।

(17) राहु या केतु सप्तमभाव या नवम भाव में क्रूर ग्रहों से युक्त होकर बैठे हों तो निश्चय ही जातक का विवाह विलंब से होता है । ऐसा जातक प्राय: अंतर्जातीय विवाह करता है ।

(18) मीन लग्न में सप्तमेश बुध अस्त हो, सप्तम भाव में कोई ग्रह वक्री हो अथवा किसी वक्री ग्रह की सप्तम भाव पर दृष्टि हो तो जातक के विवाह में अवरोध आते हैं और विवाह समय पर संपन्न नहीं होता ।

(19) मीन लग्न में द्वितीयेश मंगल, परस्पर शनि से दृष्ट हो तो विवाह विलंब से होता है, ससुराल से खटपट रहती है ।

(20) मीन लग्न में सातवें सूर्य शुभ ग्रहों से दृष्ट न हो तो स्त्री पति द्वारा त्याग दी जाती है अर्थात् उसे तलाक मिलता है ।

(21) मीन लग्न में सप्तमेश बुध आठवें स्थान में पापग्रहों से युत हो या पापग्रहों के मध्य हो तो ऐसा जातक अपने जीवन साथी की हत्या करता है एवं कुल को कलंकित करता है ।

(22) मीन लग्न में सूर्य आठवें शुभ ग्रहों से दृष्ट न हो तो ऐसी स्त्री नितनूतन वस्त्र-अलंकार पहन कर परपुरुषों का संग करती है एवं कुल की मर्यादा को नष्ट कर देती है।

(23) मीन लग्न में मंगल आठवें हो तो ऐसी स्त्री मृगनयनी एवं कुटिल स्वभाव की होती है। ऐसी स्त्री प्राय: प्रेमविवाह करती हुई, स्वच्छंद यौनाचार में विश्वास रखती है।

(24) मीन लग्न में चंद्रमा यदि (2/4/6/8/10/12) राशि में हो तो ऐसी स्त्री अत्यंत कोमल एवं मृदु स्वभाव वाली होती है।

(25) मीन लग्न में, गुरु, बुध, शुक्र एवं मंगल बलवान हो तो ऐसी स्त्री विख्यात विदुषी, सच्चरित्र वाली एवं सभ्य महिला होती है।

(26) जातक पारिजात के अनुसार मीन लग्न में उत्पन्न कन्याएं कामक्रीड़ा व अन्य कलाओं में निपुण होती हैं। यदि चंद्रमा लग्न में हो तो ऐसी स्त्री पति की प्रिया एवं प्राणवल्लभा होती है।

(27) मीन लग्न में लग्नस्थ बृहस्पति के साथ अष्टमेश शुक्र हो तो "द्विभार्यायोग" बनता है। ऐसा जातक दो नारियों के साथ रमण करता है।

(28) मीन लग्न में बुध सप्तम भाव में शुभ ग्रहों से दृष्ट न हो तो ऐसा जातक एक साथ में दो स्त्रियों से प्रेम रखता है अर्थात्, विवाहिता पत्नी के अतिरिक्त उसके उपपत्नी भी होती है।

(29) मीन लग्न में सप्तमेश बुध यदि द्वितीय या द्वादश स्थान में हो तो पूर्ण "व्यभिचारी योग" बनता है। ऐसा पुरुष जीवन में अनेक स्त्रियों के साथ संभोग करता है।

(30) मीन लग्न में मिथुन का बुध चतुर्थ में शुक्र के साथ हो तथा धनु का गुरु दसम में हो तो ऐसी स्त्री राजरानी पद पर भूषित होती है एवं स्त्रियों में श्रेष्ठ होती है।

बाल्ये विवाह योग

(1)

निष्पत्ति — **दारपसंनिहितेऽङ्गपे बाल्ये विवाहः ।।** *—जातक तत्वम् अ.7/125*

यदि सप्तमेश व लग्नेश निकटवर्ती स्थानों में स्थित हो तो यह योग बनता है ।

परिणाम — ऐसे जातक का विवाह बचपन (बाल्यकाल) में ही हो जाता है । अर्थात् युवावस्था, विवाहयोग्य अवस्था में प्रवेश करने के पूर्व ही ऐसा जातक दांपत्य सूत्र में बंध जाता है ।

(2)

निष्पत्ति — **लग्नाद्वास्तात् समीपे शुभे बाल्ये विवाहः ।।**

—जातकतत्वम् अ.7/126

लग्न या सप्तम स्थान के आस-पास शुभग्रह हो तो यह योग बनता है ।

परिणाम — ऐसे जातक का विवाह बचपन (बाल्यकाल) में ही हो जाता है । अर्थात् युवावस्था, विवाहयोग्य अवस्था में प्रवेश करने के पूर्व ही ऐसा जातक दांपत्य सूत्र में बंध जाता है ।

(3)

निष्पत्ति— **दारपे पारावतादौ सबले वा धनेशे तादृशे वा बाल्ये विवाहः ।।**

—जातकतत्वम् अ.7/127

यदि सप्तमेश पारावतांश में हो या बलवान होकर द्वितीय स्थान में स्थित हो तो जल्दी विवाह होता है ।

परिणाम — ऐसे जातक का विवाह बचपन (बाल्यकाल) में ही हो जाता है । अर्थात् युवावस्था, विवाहयोग्य अवस्था में प्रवेश करने के पूर्व ही ऐसा जातक दांपत्य सूत्र में बंध जाता है ।

(4)

निष्पत्ति — चंद्रमा सातवें स्थान में हो तो यह योग बनता है ।

परिणाम — ऐसे जातक का विवाह छोटी अवस्था में होता है । उसकी पत्नी सुंदर

होती है तथा ऐसे जातक का विवाह उसकी पसंद का होता है । ऐसा जातक संभोग काल में अपनी पत्नी को पूर्ण संतुष्ट करने में सक्षम होता है ।

विशेष — यह योग पुरुष जातक की कुंडली के लिए है । स्त्री जातक की कुंडली में बृहस्पति सातवें हो तो यह योग बनता है परंतु उसका पति उम्र में कुछ बड़ा या विधुर होता है । यदि कर्क या सिंह लग्न में बृहस्पति सातवें हो तो पति-पत्नी में कुछ द्वंद्व रहता है ।

विलंब विवाह योग

(5)

निष्पत्ति — सप्तमेश वक्री हो एवं मंगल आठवें हो तो यह योग बनता है ।

परिणाम — इस योग में जन्मे जातक का विवाह विलंब से होता है । अर्थात् विवाह योग्य आयु निकल जाने के बाद ही विवाह होता है ।

उपाय— 1 मंगल यंत्र धारण करें ।

2 सप्तमेश का रत्न भी धारण करें ।

(6)

निष्पत्ति — लग्न, सातवां भाव, सप्तमेश व शुक्र स्थिर राशि (वृष, सिंह, वृश्चिक, कुंभ) में हो तथा चंद्रमा चर राशि (मेष, कर्क, तुला, मकर) में हो तो यह योग बनता है ।

परिणाम — ऐसे जातक का विवाह विलंब से होता है ।

विशेष — यदि उपरोक्त योग में कहीं भी शनि का संबंध हो तो जीवन के 50 वें वर्ष में विवाह होते देखा गया है ।

उपाय — 1. सप्तमेश ग्रह का रत्न चंद्रयंत्र में धारण करें ।

2. उपाय संख्या 21 करें ।

(7)

निष्पत्ति — सप्तमेश सप्तम भाव से यदि छठें, आठवें एवं बारहवें स्थान में हो तो यह योग बनता है ।

परिणाम — इस योग में जन्मे जातक का विवाह विलंब से होता है। अर्थात् विवाह योग्य आयु निकल जाने के बाद ही विवाह होता है।

उपाय — 1. सप्तमेश ग्रह का यंत्र रत्नपूर्वक धारण करें।

(8)

निष्पत्ति — सप्तमेश शनि से युक्त हो या शनि शुक्र के साथ हो या शुक्र द्वारा देखा जाता हो तो यह योग बनता है।

परिणाम — इस योग में जन्मे जातक का विवाह विलंब से होता है। अर्थात् विवाह योग्य आयु निकल जाने के बाद ही विवाह होता है।

उपाय — 1. शुक्र का यंत्र धारण करें।

(9)

निष्पत्ति — शनि शुक्र लग्न से चौथे स्थान में हो तथा चंद्रमा छठे, आठवें, बारहवें स्थान में हो तो यह योग बनता है।

परिणाम — इस योग में जन्मे जातक का विवाह विलंब से होता है। अर्थात् विवाह योग्य आयु निकल जाने के बाद ही विवाह होता है।

उपाय— **1** मोती + हीरा जड़ित 'बीसा यंत्र' धारण करें।

2 उपाय संख्या 16 या 19 करें।

(10)

निष्पत्ति — राहू और शुक्र लग्न में हो तथा मंगल सातवें स्थान में हो तो यह योग बनता है।

परिणाम — इस योग में जन्मे जातक का विवाह विलंब से होता है। अर्थात् विवाह योग्य आयु निकल जाने के बाद ही विवाह होता है।

विशेष — यह देखा गया है कि ऐसे जातक का विवाह प्राय: 28 वें वर्ष या 29 वर्ष के बाद होता है।

उपाय— **1** मंगल यंत्र रत्न सहित धारण करें।

2 राहू ग्रह की हवनात्मक शांति करें।

(11)

निष्पत्ति — शुक्र सातवें कर्क, वृश्चिक या मकर राशि में हो तथा चंद्र + शनि पहले, दूसरे, सातवें, ग्यारहवें स्थान में हो तो यह योग बनता है ।

परिणाम — इस योग में जन्मे जातक का विवाह विलंब से होता है । अर्थात् विवाह योग्य आयु निकल जाने के बाद ही विवाह होता है ।

विशेष — यह देखा गया है कि ऐसे जातक का विवाह प्राय: 36 वर्ष की आयु में होता है ।

उपाय— **1** शुक्र यंत्र धारण करें ।

2 उपाय संख्या 16 या 19 करें ।

(12)

निष्पत्ति — अष्टमेश पंचम में हो तो यह योग बनता है ।

परिणाम — इस योग में जन्मे जातक का विवाह विलंब से होता है । अर्थात् विवाह योग्य आयु निकल जाने के बाद ही विवाह होता है ।

विशेष — यह देखा गया है कि ऐसे जातक का विवाह प्राय: 31 से 36 वर्ष की आयु के मध्य होता है ।

उपाय— **1** अष्टमेश ग्रह की हवनात्मक शांति करें ।

(13)

निष्पत्ति — सूर्य व चंद्र शनि की कुदृष्टि में हो तो यह योग बनता है ।

परिणाम — इस योग में जन्मे जातक का विवाह विलंब से होता है । अर्थात् विवाह योग्य आयु निकल जाने के बाद ही विवाह होता है ।

उपाय— **1** शनि ग्रह की शांति का उपाय करें ।

2 मोतीयुक्त चंद्रयंत्र धारण करें ।

(14)

निष्पत्ति — शुक्र छठे, आठवें, बारहवें स्थान में हो तथा धनेश, सप्तमेश पापपीड़ित हो तो यह योग बनता है ।

परिणाम — इस योग में जन्मे जातक का विवाह विलंब से होता है । अर्थात् विवाह योग्य आयु निकल जाने के बाद ही विवाह होता है ।

उपाय— 1 शुक्र यंत्र धारण करें।

2 धनेश ग्रह की हवनात्मक शांति करें।

(15)

निष्पत्ति — सप्तम भाव में पाप ग्रह हो तथा सप्तम भाव शनि द्वारा देखा जाता हो तो यह योग बनता है।

परिणाम— इस योग में जन्मे जातक का विवाह विलंब से होता है। अर्थात् विवाह योग्य आयु निकल जाने के बाद ही विवाह होता है।

उपाय— 1 शनि ग्रह की हवनात्मक शांति करें।

2 सप्तमेश का रत्न जड़ित यंत्र पहनें।

(16)

निष्पत्ति — सप्तमेश निर्बल हो तथा शनि + मंगल की युति पहले, दूसरे, सातवें या ग्यारहवें भाव में हो तो यह योग बनता है।

परिणाम — इस योग में जन्मे जातक का विवाह विलंब से होता है। अर्थात् विवाह योग्य आयु निकल जाने के बाद ही विवाह होता है।

उपाय— 1 सप्तमेश का रत्न जड़ित यंत्र पहनें।

2 शनि + मंगल की हवनात्मक शांति करें।

(17)

निष्पत्ति — मंगल + शुक्र की युति पाचवें, सातवें या नवमें स्थान में हो तथा शनि द्वारा दृष्ट हो तो यह योग बनता है।

परिणाम — इस योग में जन्मे जातक का विवाह विलंब से होता है। अर्थात् विवाह योग्य आयु निकल जाने के बाद ही विवाह होता है।

उपाय— 1 शनि ग्रह की हवनात्मक शांति करें।

2 शुक्र यंत्र धारण करें।

(18)

निष्पत्ति— चंद्र + राहु की युति सातवें भाव में हो, शुक्र नीच का हो तथा सप्तमेश अस्त हो तो यह योग बनता है।

परिणाम— इस योग में जन्मे जातक का विवाह विलंब से होता है। अर्थात् विवाह योग्य आयु निकल जाने के बाद ही विवाह होता है।

उपाय— 1 सप्तमेश का रत्न जड़ित यंत्र पहनें।

2 चंद्र + राहु + शुक्र की हवनात्मक शांति करें।

(19)

निष्पत्ति — गुरु नीच राशि का होकर लग्न या चंद्रमा में छठे, या आठवें, बारहवें स्थान में हो तो यह योग बनता है।

परिणाम — इस योग में जन्मे जातक का विवाह विलंब से होता है। अर्थात् विवाह योग्य आयु निकल जाने के बाद ही विवाह होता है।

उपाय — 1. शुक्र ग्रह का समिधापूर्वक शांति हवन करें।

2. सप्तमेश का रत्न जड़ित यंत्र पहनें।

अविवाह योग

(20)

निष्पत्ति — चंद्रमा पांचवें स्थान में हो तथा पापग्रह सातवें और बारहवें स्थान में हो तो यह योग बनता है।

परिणाम — ऐसा जातक प्राय: विवाह करने से इंकार कर देता है या परिस्थितियों वश जातक का विवाह नहीं हो पाता है। ऐसे जातक प्राय: जीवन भर कुंवारे ही रहते हैं।

उपाय— 1 चंद्र यंत्र मोती डालकर धारण करें।

2 पापग्रहों की हवनात्मक शांति करें।

3 उपाय संख्या 16 करें।

(22)

निष्पत्ति — शुक्र + बुध सातवें हो तथा शुभग्रहों द्वारा न देखे जाते हों तो यह योग बनता है।

परिणाम — ऐसा जातक प्राय: विवाह करने से इंकार कर देता है, या परिस्थितियों वश जातक का विवाह नहीं हो पाता है। ऐसे जातक प्राय: जीवन भर

कुंवारे ही रहते हैं ।

उपाय— 1 शुक्र एवं बुध की हवनात्मक शांति करें ।

2 उपाय संख्या 16 व 17 करें ।

(23)

निष्पत्ति — शनि + मंगल यदि शुक्र, चंद्रमा से सातवें स्थान में हों तो यह योग बनता है ।

परिणाम — ऐसा जातक प्राय: विवाह करने से इंकार कर देता है, या परिस्थितियों वश जातक का विवाह नहीं हो पाता है । ऐसे जातक प्राय: जीवन भर कुंवारे ही रहते हैं ।

उपाय— 1 शनि + मंगल की हवनात्मक शांति करें ।

2 उपाय संख्या 16 व 17 करें ।

(24)

निष्पत्ति — सप्तमेश छठे, आठवें और बारहवें स्थान में हो तथा षष्टेश, अष्टमेश या द्वादशेश सातवें भाव में हो तो यह योग बनता है ।

परिणाम — ऐसा जातक प्राय: विवाह करने से इंकार कर देता है, या परिस्थितियों वश जातक का विवाह नहीं हो पाता है । ऐसे जातक प्राय: जीवन भर कुंवारे रहते हैं ।

उपाय— 1 सप्तमेश का रत्न जड़ित यंत्र धारण करें ।

2 अनिष्ट ग्रहों की हवनात्मक शांति करें ।

(25)

निष्पत्ति — राहु और चंद्रमा बारहवें स्थान में हों तथा शनि और मंगल द्वारा देखे जाते हों तो यह योग बनता है ।

परिणाम — ऐसा जातक प्राय: विवाह करने से इंकार कर देता है या परिस्थितियों वश जातक का विवाह नहीं हो पाता है । ऐसे जातक प्राय: जीवन भर कुंवारे ही रहते हैं ।

उपाय— 1 शनि + मंगल की हवनात्मक शांति करें ।

2 चंद्र यंत्र मोतीयुक्त धारण करें ।

3 उपाय संख्या 16 व 19 करें ।

(27)

निष्पत्ति — कमजोर चंद्रमा पांचवें भाव में हो तथा पापग्रह लग्न सातवें या बारहवें स्थान में हो तो यह योग बनता है ।

परिणाम — ऐसा जातक प्राय: विवाह करने से इंकार कर देता है या परिस्थितियों वश जातक का विवाह नहीं हो पाता है । ऐसे जातक प्राय: जीवन भर कुंवारे ही रहते हैं ।

उपाय— 1 मोतीयुक्त 'चंद्र यंत्र' धारण करें ।

2 पापग्रहों की हवनात्मक शांति करें ।

विवाह विच्छेद योग

(28)

निष्पत्ति — शनि लग्न में हो, लग्नेश एवं द्वादशेश आठवें हो तथा सप्तमेश व अष्टमेश परस्पर एक-दूसरे को देखते हों तो यह योग बनता है ।

परिणाम — ऐसे जातक के वैवाहिक जीवन में विघ्न आता है तथा ऐसी परिस्थिति भी आ सकती है जिसमें विवाह के पश्चात् मनमुटाव बढ़ जाए और तलाक लेने की स्थिति बन जाए ।

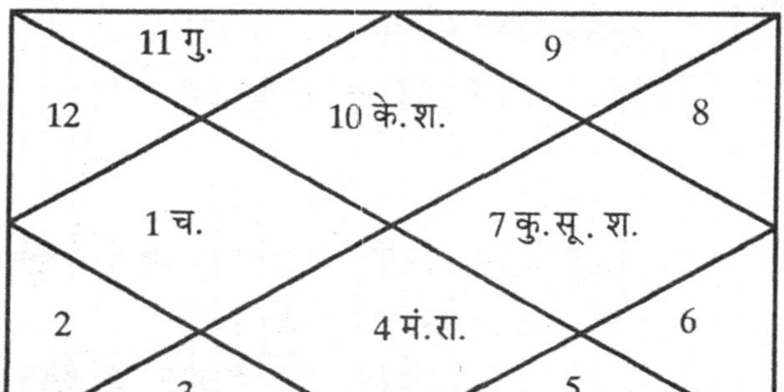

उदाहरण — **सेठ अमरीष भाई**

जन्म 11-11-1962 समय 11-48, बंबई

विश्लेषण — शनि लग्न में है तथा सप्तमेश चंद्र व अष्टमेश सूर्य एक-दूसरे को

देख रहे हैं। फलतः जातक की पत्नी ने जातक को तलाक देकर दूसरी शादी कर ली।

उपाय— 1 शनि की हवनात्मक शांति करें।

2 सप्तमेश का रत्न जड़ित यंत्र पहनें।

3 उपाय संख्या 18 करें।

विवाह विच्छेद योग

(29)

निष्पत्ति — सप्तमेश शनि द्वारा देखा जाता हो तथा सप्तम भाव शुभग्रहों से दृष्ट न हो तो यह योग बनता है।

परिणाम — ऐसे जातक के वैवाहिक जीवन में विघ्न आता है तथा ऐसी परिस्थिति भी आ सकती है जिसमें विवाह के पश्चात् मनमुटाव बढ़ जाए और तलाक लेने की स्थिति बन जाए।

उपाय— 1 शनि की हवनात्मक शांति करें।

2 सप्तमेश का रत्न जड़ित यंत्र पहनें।

3 उपाय संख्या 18 करें।

(30)

निष्पत्ति — लग्नेश शनि से दृष्ट हो तथा षष्ठेश व सप्तमेश छठे स्थान में हो तो यह योग बनता है।

परिणाम — ऐसे जातक के वैवाहिक जीवन में विघ्न आता है तथा ऐसी परिस्थिति भी आ सकती है जिसमें विवाह के पश्चात् मनमुटाव बढ़ जाए और तलाक लेने की **स्थिति** बन जाए।

उपाय— 1 शनि की हवनात्मक शांति करें।

2 सप्तमेश का रत्न जड़ित यंत्र पहनें।

3 उपाय संख्या 18 करें।

(31)

निष्पत्ति — षष्ठेश व अष्टमेश को शनि या मंगल देखते हों तो यह योग

बनता है।

परिणाम — ऐसे जातक के वैवाहिक जीवन में विघ्न आता है तथा ऐसी परिस्थिति भी आ सकती है जिसमें विवाह के पश्चात् मनमुटाव बढ़ जाए और तलाक लेने की स्थिति बन जाए।

उपाय— 1 शनि या मंगल की हवनात्मक शांति करें।

2 उपाय संख्या 18 करें।

(32)

निष्पत्ति — मंगल या अन्य पापग्रह लग्न, चतुर्थ, सप्तम, अष्टम या द्वादश भाव में होते हों तो यह योग बनता है।

परिणाम — ऐसे जातक के वैवाहिक जीवन में विघ्न आता है तथा ऐसी परिस्थिति भी आ सकती है जिसमें विवाह के पश्चात् मनमुटाव बढ़ जाए और तलाक लेने की स्थिति बन जाए।

उपाय— 1 मंगल की उपासना करें।

2 मंगल का व्रत करें, कथा करें।

3 हनुमान जी के नित्य दर्शन करें।

4 उपाय संख्या 3 करें।

(33)

निष्पत्ति — सूर्य सातवें स्थान में पापग्रहों के द्वारा देखा जाता हो तो यह योग बनता है।

परिणाम — ऐसे जातक के वैवाहिक जीवन में विघ्न आता है तथा ऐसी परिस्थिति भी आ सकती है जिसमें विवाह के पश्चात् मनमुटाव बढ़ जाए और तलाक लेने की स्थिति बन जाए।

उपाय— 1 सूर्य की उपासना करें।

2 रविवार का व्रत रखें, कथा करें।

3 सूर्य को अर्घ्य दें।

4 उपाय संख्या 22 करें।

एक विवाह योग

(34)

निष्पत्ति — वक्रार्कांशे ज्ञेज्यौ एको विवाहः । *—जातकतत्वम् अ.7/65*

यदि बृहस्पति व शुक्र सूर्य या मंगल के नवांश में हों तो यह योग बनता है ।

परिणाम — ऐसे जातक के जीवन में एक ही विवाह होता है । यदि जातक पुरुष हो तो एक पत्नी व्रत धर्म का पालन करेगा और यदि जातक स्त्री है तो वह पतिव्रता होगी तथा पराए पुरुष की ओर आंख उठाकर भी नहीं देखेगी ।

(35)

निष्पत्ति— कामार्यशौ नीचर्क्षगौ सौम्याः केन्द्रकोणगाः एको विवाहः ।

—जातकतत्वम् अ.7/66

सप्तमेश और द्वितीयेश यदि नीच राशि में हों और शुभग्रह केंद्र या त्रिकोण स्थानों में हों तो यह योग बनता है ।

परिणाम — ऐसे जातक के जीवन में एक ही विवाह होता है । यदि जातक पुरुष है तो एक पत्नीव्रत धर्म का पालन करेगा और यदि जातक स्त्री है तो वह पतिव्रता होगी तथा पराए पुरुष की ओर आंख उठाकर भी नहीं देखेगी ।

(36)

निष्पत्ति — ज्ञ इज्यांशे सप्तमे एको विवाहः ॥ *—जातकतत्वम् अ.7/67*

बुध यदि बृहस्पति के नवांश में सप्तम स्थान में हो तो यह योग बनता है ।

परिणाम — ऐसे जातक के जीवन में एक ही विवाह होता है । यद जातक पुरुष है तो एक पत्नी व्रत धर्म का पालन करेगा और यदि जातक स्त्री है तो वह पतिव्रता होगी तथा पराए पुरुष को आंख उठाकर नहीं देखेगी ।

पतिव्रता योग

(37)

निष्पत्ति — **मदेशेंबुगे वा दशमे स्त्री पतिव्रता।** *—बृहद् योगरत्नाकर/308*

सप्तमेश चतुर्थ भाव में अथवा दशम भाव में हो तो यह योग बनता है।

परिणाम — इस योग में जन्मे जातक पुरुष की पत्नी पतिव्रता एवं धर्मपरायण होती है। यदि यह योग स्त्री जातक की कुंडली में हो तो उसको पति एक पत्नीव्रतधारी मिलेगा।

(38)

निष्पत्ति— **दारपे वा कारके गुरुयुतदृष्टे बलिनि स्त्री पतिव्रता।**

—बृहद् योगरत्नाकर पृ० 308

सप्तमेश वा सप्तमभाव का (कारक) शुक्र गुरु से युत वा दृष्ट होकर बलवान होवे तो यह योग बनता है।

परिणाम — इस योग में जन्मे पुरुष जातक की पत्नी पतिव्रता एवं धर्मपरायण होती है। यदि यह योग स्त्री जातक की कुंडली में हो तो उसको पति एक पत्नीव्रतधारी मिलेगा।

(39)

निष्पत्ति— **रवौ दारपे शुभदृष्टे स्त्री पतिव्रता।**

—बृहद् योगरत्नाकर पृ० 309

सप्तमेश रवि होने और वह शुभ ग्रह से दृष्ट हो तो यह योग बनता है।

परिणाम — इस योग में जन्मे पुरुष जातक की पत्नी पतिव्रता एवं धर्मपरायण होती है। यदि यह योग स्त्री जातक की कुंडली में हो तो उसको पति एक पत्नीव्रतधारी मिलेगा।

विशेष — यह योग केवल कुम्भ लग्न में ही घटित होगा।

पतिव्रता स्त्रीयोग

(40)

निष्पत्ति— **द्यूनेशे भृगौ शुभदृष्टे स्त्री पतिव्रता ।**

—बृहद् योगरत्नाकर/पृ० 309

सप्तम भाव का स्वामी शुक्र होवे और शुभग्रह से दृष्ट होवे तो यह योग बनता है ।

परिणाम — इस योग में जन्मे पुरुष जातक की पत्नी पतिव्रता एवं धर्मपरायण होती है । यदि यह योग स्त्री जातक की कुंडली में हो तो उसको पति एक पत्नीव्रतधारी मिलेगा ।

(41)

निष्पत्ति— **कलत्रे जीवे धर्मशीला पतिव्रता स्त्री ।**

—बृहद् योगरत्नाकर पृ०/ 309

सप्तम भाव में गुरु हो तो धर्मशील पतिव्रता स्त्री का योग होता है ।

परिणाम — इस योग में जन्मे पुरुष जातक की पत्नी पतिव्रता एवं धर्मपरायण होती है । यदि यह योग स्त्री जातक की कुंडली में हो तो उसको पति एक पत्नीव्रतधारी मिलेगा ।

(42)

निष्पत्ति— **दारेशे केंद्रे शुभांशे शुभ दृष्टयुते धर्मशील पतिव्रता स्त्री ।**

—बृहद् योगरत्नाकर/पृ० 309

सप्तमेश केंद्र प्रथम, चतुर्थ, सप्तम, दशम् शुभ राशि के नवांश में शुभग्रह से दृष्ट युत हो तो यह योग बनता है ।

परिणाम — इस योग में जन्मे पुरुष जातक की पत्नी पतिव्रता एवं धर्मपरायण होती है । यदि यह योग स्त्री जातक की कुंडली में हो तो उसको पति एक पत्नीव्रतधारी मिलेगा ।

(43)

निष्पत्ति — **लग्नेशेऽगे द्विभार्यो जारो वा ॥** *—जातकतत्वम् 7/68*

लग्नेश लग्न में हो तो यह योग बनता है ।

परिणाम — ऐसे जातक के दो पत्नियां होती हैं । अर्थात् एक पत्नी गुजरने के बाद वह दूसरी शादी करता है । जीवन में दो विवाह होते हैं ।

विशेष — यदि यह योग स्त्री जातक की कुंडली में हो तो ऐसी स्त्री दूसरा विवाह करती है । विदेशी जातकों की कुंडलियों में यह योग बहुतायत में पाया जाता है ।

(44)

निष्पत्ति — **रन्ध्रेशे ड्गेऽस्ते द्विभार्या: ॥** —*जातकतत्वम् 7/69*

यदि अष्टमेश लग्न स्थान में या सप्तम स्थान में हो तो यह योग बनता है ।

परिणाम — ऐसे जातक के दो पत्नियां होती हैं । अर्थात् एक पत्नी गुजरने के बाद वह दूसरी शादी करता है । जीवन में दो विवाह होते हैं ।

विशेष — यदि यह योग स्त्री जातक की कुंडली में हो तो ऐसी स्त्री दूसरा विवाह करती है । विदेशी जातकों की कुंडलियों में यह योग बहुतायत में पाया जाता है ।

(45)

निष्पत्ति — लग्न में मंगल हो तथा सप्तमेश छठे, आठवें एवं बारहवें स्थान में पापग्रहों से युत हो तो यह योग बनता है ।

परिणाम — ऐसे जातक के दो पत्नियां होती हैं अर्थात् एक पत्नी गुजरने के बाद दूसरी शादी करता है । ऐसे जातक के जीवन में दो विवाह होते हैं ।

उदाहरण — **श्री भंवरलाल सोलंकी**

जन्म 31-10-1934; समय 3-15 , जन्मस्थान—जेतारण (राज०)

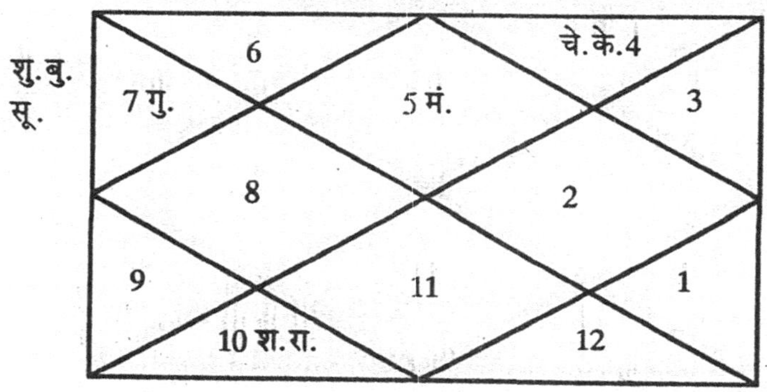

विश्लेषण — जातक का पहला विवाह 13 वर्ष की लघु आयु में हुआ। प्रसव काल में जातक की पत्नी की मृत्यु हो गई। दूसरे विवाह से तीन पुत्र हुए।

(46)

निष्पत्ति— **षष्ठेऽङ्गपे द्विभार्याः ॥** *—जातकतत्वम् 7/70*

षष्ठ स्थान में यदि लग्नेश गया हो तो यह योग बनता है।

परिणाम — ऐसे जातक के दो पत्नियां होती हैं। अर्थात् एक पत्नी के गुजरने के बाद वह दूसरी शादी करता है। जीवन में दो विवाह होते हैं।

विशेष — यदि यह योग स्त्री जातक की कुंडली में हो तो ऐसी स्त्री दूसरा विवाह करती है। विदेशी जातकों की कुंडलियों में यह योग बहुतायत में पाया जाता है।

(47)

निष्पत्ति — **धनेशे षष्ठे दारे पापे द्विभार्याः ॥** *—जातकतत्वम् 7/71*

धन स्थान का स्वामी यदि षष्ठ स्थान में स्थिर हो और सप्तम स्थान में पापग्रह स्थिर हों तो यह योग बनता है।

परिणाम — ऐसे जातक के दो पत्नियां होती हैं। अर्थात् एक पत्नी गुजरने के बाद वह दूसरी शादी करता है। जीवन में दो विवाह होते हैं।

विशेष — यदि यह योग स्त्री जातक की कुंडली में हो तो ऐसी स्त्री दूसरा विवाह करती है। विदेशी जातकों की कुंडलियों में यह योग बहुतायत में पाया जाता है।

उदाहरण — **श्री जयनारायण व्यास**

जन्म 10-9-1929; समय 13-54, शक्खर (पाकिस्तान)

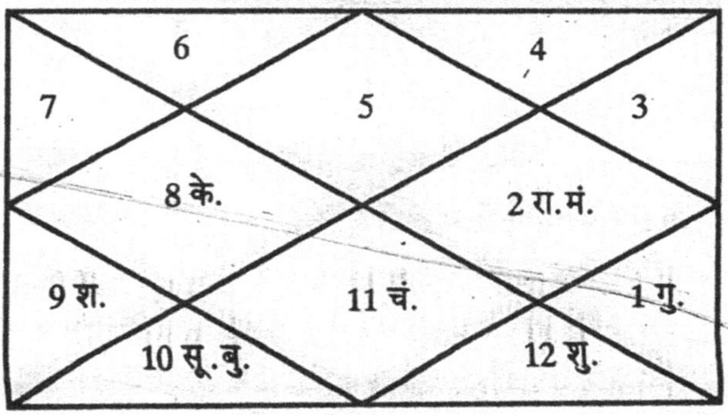

विश्लेषण — धनेश बुध छठे हैं तथा सप्तमेश शनि पापपीड़ित है। फलतः जातक के दो विवाह हुए।

(48)

निष्पत्ति— **जायेशे शुभयुतेऽ रिनीचगे सप्तमे पापे द्विभार्याः ॥**

—जातकतत्वम् 7/72

सप्तमेश यदि शुभग्रहों से युक्त होकर अपनी नीचराशि या शत्रुराशि में हो और सप्तम स्थान में पापग्रह हो तो यह योग बनता है।

परिणाम — ऐसे जातक के दो पत्नियां होती हैं। अर्थात् एक पत्नी गुजरने के बाद वह दूसरी शादी करता है। जीवन में दो विवाह होते हैं।

विशेष — यदि यह योग स्त्री जातक की कुंडली में हो तो ऐसी स्त्री दूसरा विवाह करती है। विदेशी जातकों की कुंडलियों में यह योग बहुतायत में पाया जाता है।

(49)

निष्पत्ति— **जायाकारके पापयुते वा नीचारिमूढांशे द्विभार्याः ॥**

सप्तम स्थान का कारक यदि पापग्रह से युक्त हो अथवा नीच नवांश, शत्रु नवांश अथवा अस्तगत ग्रह के नवांश में हो तो यह योग बनता है।

परिणाम — ऐसे जातक के दो पत्नियां होती हैं। अर्थात् एक पत्नी गुजरने के बाद वह दूसरी शादी करता है। जीवन में दो विवाह होते हैं।

विशेष — यदि यह योग स्त्री जातक की कुंडली में हो तो ऐसी स्त्री दूसरा विवाह करती है विदेशी जातकों की कुंडलियों में यह योग बहुतायत में पाया जाता है।

(50)

निष्पत्ति — **पापाः सप्तमे द्विभार्याः ॥** *—जातकतत्वम् 7/74*

सप्तम स्थान में यदि पापग्रह हो तो यह योग बनता है।

परिणाम — ऐसे जातक के दो पत्नियां होती हैं। अर्थात् एक पत्नी के गुजरने के बाद वह दूसरी शादी करता है। जीवन में दो विवाह होते हैं।

विशेष — यदि यह योग स्त्री जातक की कुंडली में हो तो ऐसी स्त्री दूसरा विवाह

करती है । विदेशी जातकों की कुंडलियों में यह योग बहुतायत में पाया जाता है ।

उदाहरण — **डॉ० मोहनलाल आसदेव**

जन्म— 8-10-1948; समय – 23/25 इष्ट; स्थान—जोधपुर

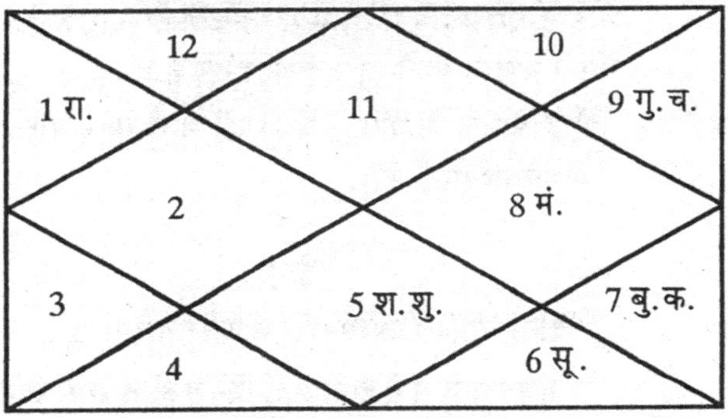

विश्लेषण — सप्तम भाव में पापग्रह शनि शत्रु क्षेत्री है । अत: जातक को एक पत्नी द्वारा धोखा हुआ । तलाक हुई और फिर दूसरा विवाह हुआ ।

(51)

निष्पत्ति — शुक्र सातवें स्थान में उच्च का या स्वग्रही होकर बैठा हो, साथ में राहु या केतु हो तो यह योग बनता है ।

परिणाम — ऐसे जातक के दो पत्नियां होती हैं । अर्थात् एक पत्नी के गुजरने के बाद वह दूसरी शादी करता है । जीवन में दो विवाह होते हैं ।

विशेष — यदि यह योग स्त्री जातक की कुंडली में हो तो ऐसी स्त्री दूसरा विवाह करती है । विदेशी जातकों की कुंडलियों में यह योग बहुतायत में पाया जाता है ।

(52)

निष्पत्ति — मंगल यदि मेष, सिंह, वृश्चिक, मकर या कुंभ राशि में हो तो यह योग बनता है ।

परिणाम — ऐसे जातक के दो विवाह की संभावना रहती है ।

विशेष — यदि यह योग स्त्री जातक की कुंडली में हो तो ऐसी स्त्री दूसरा विवाह करती है । विदेशी जातकों की कुंडलियों में यह योग बहुतायत में पाया जाता है ।

त्रिभार्या योग

(54)

निष्पत्ति— **धनगैः पापैर्धनेशादृष्टैः कलत्रे कलत्रत्रयम् ॥** —*जातकतत्वम् 7/75*

यदि धन स्थान में बहुत से पापग्रह हों और उन्हें धन स्थान का स्वामी ग्रह न देखता हो तो यह योग बनता है ।

परिणाम — ऐसे जातक के क्रमशः पत्नी की मृत्यु के कारण तीन विवाह होने की संभावना रहती है ।

(55)

निष्पत्ति— **पापाः कलत्रे जायेशादृष्टाः कलत्रत्रयम् ॥** —*जातकतत्वम् 7/76*

सप्तम स्थान में कई पापग्रह स्थित हों तथा सप्तमेश सप्तम स्थान को न देखता हो तो यह योग बनता है ।

परिणाम — ऐसे जातक के क्रमशः तीन विवाह होने की संभावना रहती है ।

(56)

निष्पत्ति— **कलत्रस्थाने भौमे, शुक्रे जामित्रगे शनौ ।**
लग्नेशे रन्ध्रराशिस्थे, कलत्रत्रयवान् भवेत् ॥

परिणाम — सप्तम स्थान में मंगल, शुक्र और शनि हो तथा लग्नेश अष्टम भाव में हो तो जातक के तीन स्त्रियां होती हैं ।

त्रिविवाह योग

(57)

निष्पत्ति— **शुक्राज्जायित्रे चन्द्रे, चन्द्रेज्यामित्रे बुधे ।**
रन्ध्रेशे सुतभावाथे, प्रथम दशमाब्दिकम् ॥
विवाह लभते मर्त्यो, नात्र कार्या विचारणा ॥

—*बृहत्पाराशर होराशास्त्र 18/41*

परिणाम — शुक्र से 7वें भाव में चन्द्र हो चन्द्र से 7वें बुध हो अष्टमेश 5वें भाव में हों तो दस-दस वर्षों के अन्तराल से 3 विवाह होते हैं ।

त्रिभार्या योग

(58)

निष्पत्ति— **फ्लग्नार्थदाराः पापयुता दारेशे नीचारिमूढादौ कलत्रयम् ॥**

—जातकतत्वम् 7/77

लग्न स्थान, द्वितीय स्थान व सप्तम स्थान यदि पापग्रहों से युक्त हो और सप्तमेश नीचगत, शत्रुराशिगत या अस्तगत होकर लग्न में स्थित हो तो यह योग बनता है ।

परिणाम — ऐसे जातक की पत्नी की मृत्यु के कारण क्रमशः तीन विवाह होने की संभावना होती है ।

द्वय पत्नी योग

(59)

निष्पत्ति— **मदेशेऽबलेऽस्ते पापदृष्ट युते कलत्रान्तरभागी ॥**

—जातकतत्वम् 7/121

यदि सप्तमेश निर्बल होकर सप्तम स्थान में पापग्रहों से युत या दृष्ट हो तो 'द्वयपत्नी योग' बनता है । अर्थात् वह पहली पत्नी के होते हुए ही दूसरी स्त्री प्राप्त कर लेता है ।

परिणाम — ऐसा जातक पहली विवाहित पत्नी के होते हुए भी दूसरी स्त्री प्राप्त कर लेता है ।

विशेष — यह संभव है कि संतान न होने के कारण ऐसा जातक विधिवत् दूसरा विवाह कर लेता है और यह भी संभव है कि ऐसा जातक एक पत्नी व संतान के होते हुए भी दूसरी स्त्री को रखैल के रूप में रखता हो और उसे खर्चा पानी देता हो । अन्य ग्रहों की स्थिति के अध्ययन से ही सही स्थिति का पता चल सकता है ।

(60)

निष्पत्ति — **धनेशेऽबले ये पापदृष्टयुते कलत्रान्तरभागी ॥**

—जातकतत्वम् 7/122

धनेशे निर्बल होकर धनस्थान में ही हो तथा पापग्रहों से युत अथवा

दृष्ट हो तो द्वयपत्नी योग बनता है ।

परिणाम — ऐसा जातक पहली विवाहित पत्नी के होते हुए भी दूसरी स्त्री प्राप्त कर लेता है ।

विशेष — यह संभव है कि संतान न होने के कारण ऐसा जातक विधिवत् दूसरा विवाह कर लेता है और यह भी संभव है ऐसा जातक एक पत्नी व संतान के होते हुए भी दूसरी स्त्री को रखैल के रूप में रखता हो और उसे खर्चा पानी देता हो । अन्य ग्रहों की स्थिति के अध्ययन से ही सही स्थिति का पता चल सकता है ।

(61)

निष्पत्ति— **सप्ताष्टमे पापे व्यये कुजे कलत्रान्तरभागी ॥** —*जातकतत्वम् 7/123*

सप्तम व अष्टम स्थान में पापग्रह हो तथा द्वादश स्थान में मंगल हो तो यह योग बनता है ।

परिणाम — ऐसा जातक पहली विवाहित पत्नी के होते हुए भी दूसरी स्त्री प्राप्त कर लेता है ।

विशेष — यह संभव है कि संतान न होने के कारण ऐसा जातक विधिवत् दूसरा विवाह कर लेता है और यह भी संभव है ऐसा जातक एक पत्नी व संतान के होते हुए भी दूसरी स्त्री को रखैल के रूप में रखता हो और उसे खर्चा पानी देता हो । अन्य ग्रहों की स्थिति के अध्ययन से ही सही स्थिति का पता चल सकता है ।

(62)

निष्पत्ति— **नीचारिमूढांशेऽ ङ्गेशे वा दारपे कलत्रान्तरभागी ॥**

—*जातकतत्वम् 7/124*

लग्नेश यदि नीच राशि, अस्तंगत, या शत्रुक्षेत्री हो अथवा सप्तमेश इसी प्रकार नीच शत्रुक्षेत्री या अस्तगत हो तो 'द्वय पत्नी योग' बनता है ।

परिणाम — ऐसा जातक पहली विवाहित पत्नी के होते हुए भी दूसरी स्त्री प्राप्त कर लेता है ।

विशेष — यह संभव है कि संतान न होने के कारण ऐसा जातक विधिवत् दूसरा विवाह कर लेता है और यह भी संभव है ऐसा जातक एक पत्नी व

संतान के होते हुए भी दूसरी स्त्री को रखैल के रूप में रखता हो और उसे खर्चा पानी देता हो। अन्य ग्रहों की स्थिति के अध्ययन से ही सही स्थिति का पता चल सकता है।

(63)

निष्पत्ति — सूर्य एवं राहु सातवें स्थान में हों तो यह योग बनता है।

परिणाम — ऐसे जातक के दो पत्नियां होती हैं पर दोनों बीमार रहती हैं।

उपाय— 1. सूर्य व राहु की हवनात्मक शांति करावें।

2. सप्तमेश का रत्नजड़ित यंत्र धारण करें।

एक साथ दो पत्नी योग

(64)

निष्पत्ति — धनु या मीन लग्न हो अथवा बुध सातवें स्थान पर हो, शुक्र शुभ ग्रहों से दृष्ट न हो तो यह योग बनता है।

परिणाम — ऐसा जातक एक ही समय में दो स्त्रियों को प्रेम करता है। अर्थात् विवाहिता पत्नी के अतिरिक्त उसके उपपत्नी भी होती है।

विशेष — ऐसा जातक संभोग काल में स्त्री को ज्यादा संतुष्ट नहीं कर पाता, उसकी पत्नी बातूनी होती है तथा पति को काबू में रखती है। यदि बुध पापाक्रांत हो तो पति-पत्नी में तलाक की नौबत भी आ सकती है। सातवें बुध के साथ यदि शुक्र हो तो जातक समलैंगिक मैथुन में रुचि रखता है।

उपाय— 1. पन्ना रत्न जड़ित बुध यंत्र धारण करें।

2. बुधवार का व्रत रखें एवं गणपति की उपासना करें।

(65)

निष्पत्ति — **शुक्रज्ञौ खास्ताष्टान्यतमे व्यभिचारी॥** —*जातकतत्वम् 7/13*

शुक्र और बुध यदि दशम, सप्तम स्थानों में से किसी एक स्थान में एक साथ हों तो यह योग बनता है।

परिणाम — ऐसा जातक व्यभिचारी होता है। व्यभिचारी से सीधा तात्पर्य ऐसे

व्यक्ति से है जिसका अपने मन पर नियंत्रण नहीं है। ऐसा व्यक्ति परदारगामी, कामी एवं भावुक होता है।

सावधानी — सीधे व सरल हृदय वाले सज्जन पुरुषों को चाहिए कि ऐसे व्यक्तियों को अपने घर में ज़्यादा न आने दें एवं उनसे कम संपर्क बनाएं।

(66)

निष्पत्ति — **खास्तगौ भौमाच्छौ व्यभिचारी ॥** —*जातकतत्वम् 7/14*

मंगल और शुक्र दशम या सप्तम स्थान में एक साथ स्थित हों।

परिणाम — ऐसा जातक व्यभिचारी होता है। व्यभिचारी से सीधा तात्पर्य ऐसे व्यक्ति से है जिसका अपने मन पर नियंत्रण नहीं है। ऐसा व्यक्ति परदारगामी, कामी एवं भावुक होता है।

सावधानी — सीधे व सरल हृदय वाले सज्जन पुरुषों को चाहिए कि ऐसे व्यक्तियों को अपने घर में ज़्यादा न आने दें एवं उनसे कम संपर्क बनाएं।

(67)

निष्पत्ति — **खाम्बुपौ कव्यारौ व्यभिचारी ॥** —*जातकतत्वम् 7/15*

यदि दशम और चतुर्थ स्थान में क्रम या व्युत्क्रम से शुक्र और मंगल की राशि हो तो यह योग बनता है।

परिणाम — ऐसा जातक व्यभिचारी होता है। व्यभिचारी से सीधा तात्पर्य ऐसे व्यक्ति से है जिसका अपने मन पर नियंत्रण नहीं है। ऐसा व्यक्ति परदारगामी, कामी एवं भावुक होता है।

सावधानी — सीधे व सरल हृदय वाले सज्जन को चाहिए कि ऐसे व्यक्तियों को अपने घर में ज़्यादा न आने दें एवं उनसे कम संपर्क रखें।

विशेष — यह योग केवल कर्क, सिंह एवं मकर , कुंभ लग्न में ही घटित होगा।

(68)

निष्पत्ति — **चंद्रात् खे शुक्रे ततः खेमन्दे व्यभिचारी ॥** —*जातकतत्वम् 7/16*

चंद्र लग्न में दशम स्थान में शुक्र हो तथा दशम स्थान अर्थात् चंद्रमा से सप्तम स्थान में शनि स्थित हो तो यह योग बनता है।

परिणाम — ऐसा जातक व्यभिचारी होता है। व्यभिचारी से सीधा तात्पर्य ऐसे व्यक्ति से है जिसका अपने मन पर नियंत्रण नहीं है। ऐसा व्यक्ति

परदारगामी, कामी एवं भावुक होता है ।

सावधानी — सीधे व सरल हृदय वाले सज्जन को चाहिए कि ऐसे व्यक्तियों को अपने घर में ज्यादा न आने दें एवं उनसे कम संपर्क बनाएं ।

(69)

निष्पत्ति— **खास्तगाः शुक्रभस्थाः ज्ञाच्छार्कजा व्यभिचारी ॥**

—जातकतत्वम् 7/17

दशम स्थान में एक साथ बुध, शुक्र और शनि ये तीनों ग्रह शुक्र की राशि वृष या तुला में स्थित हों तो यह योग बनता है ।

परि॰ — ऐसा जातक व्यभिचारी होता है । व्यभिचारी से सीधा तात्पर्य ऐसे व्यक्ति से है जिसका अपने मन पर नियंत्रण नहीं है । ऐसा व्यक्ति परदारगामी, कामी एवं भावुक होता है ।

सावधानी — सीधे व सरल हृदय वाले सज्जन को चाहिए कि वह ऐसे व्यक्तियों को अपने घर में ज्यादा न आने दें एवं उनसे कम संपर्क रखें ।

विशेष — यह योग सिंह एवं मकर लग्न में ही घटित होता है ।

(70)

निष्पत्ति — **षष्ठेशे त्रिके व्यभिचारी ॥** *—जातकतत्वम् 7/18*

षष्ठ स्थान का स्वामी यदि त्रिक स्थानों (6,8,12) में कहीं स्थित हो तो ऐसा योग बनता है ।

परिणाम — ऐसा जातक व्यभिचारी होता है । व्यभिचारी से सीधा तात्पर्य ऐसे व्यक्ति से है जिसका अपने मन पर नियंत्रण नहीं है । ऐसा व्यक्ति परदारगामी, कामी एवं भावुक होता है ।

सावधानी — सीधे व सरल हृदय वाले सज्जन को चाहिए कि वह ऐसे व्यक्तियों को अपने घर में ज्यादा न आने दें एवं उनसे कम संपर्क बनाएं ।

व्यभिचारी योग

(71)

निष्पत्ति — **दारार्थकर्मेशः खे व्यभिचारी ॥** *—जातकतत्वम् 7/19*

सप्तम, द्वितीय व दशम स्थान के स्वामी ग्रह यदि दशम स्थान में

एकत्र स्थित हो तो यह योग बनता है ।

परिणाम — ऐसा जातक व्यभिचारी होता है । व्यभिचारी से सीधा तात्पर्य ऐसे व्यक्ति से है जिसका अपने मन पर नियंत्रण नहीं है । ऐसा व्यक्ति परदारगामी, कामी एवं भावुक होता है ।

सावधानी — सीधे व सरल हृदय वाले सज्जन को चाहिए कि वह ऐसे व्यक्तियों को अपने घर में ज्यादा न आने दें एवं उनसे कम संपर्क रखें ।

(72)

निष्पत्ति — **सराहुकेतौ दारेशे पापदृष्टे व्यभिचारी ॥** —*जातकतत्वम् 7/20*

सप्तम स्थान का स्वामी यदि राहु या केतु के साथ कहीं हो तथा उसे पापग्रह देखते हों तो यह योग बनता है ।

परिणाम — ऐसा जातक व्यभिचारी होता है । व्यभिचारी से सीधा तात्पर्य ऐसे व्यक्ति से है जिसका अपने मन पर नियंत्रण नहीं है । ऐसा व्यक्ति परदारगामी, कामी एवं भावुक होता है ।

सावधानी — सीधे व सरल हृदय वाले सज्जन को चाहिए कि वह ऐसे व्यक्तियों को अपने घर में ज्यादा न आने दें एवं उनसे कम संपर्क रखें ।

(73)

निष्पत्ति— **शन्यारवर्ग शुक्रे भौमार्किदृष्टें व्यभिचारी ॥** —*जातकतत्वम् 7/21*

शुक्र यदि शनि या मंगल के वर्ग में स्थित हो और उसे मंगल व शनि अथवा दोनों में से कोई एक देखता हो तो यह योग बनता है ।

परिणाम — ऐसा जातक व्यभिचारी होता है । व्यभिचारी से सीधा तात्पर्य ऐसे व्यक्ति से है जिसका अपने मन पर नियंत्रण नहीं है । ऐसा व्यक्ति परदारगामी, कामी एवं भावुक होता है ।

सावधानी— सीधे व सरल हृदय वाले सज्जन पुरुषों को चाहिए कि वह ऐस व्यक्तियों को अपने घर में ज्यादा न आने दें एवं उनसे कम संपर्क बनाए रखें ।

(74)

निष्पत्ति — **अंशादन्त्ये शुक्रारी व्यभिचारी ॥** —*जातकतत्वम् 7/22*

कारकांश कुंडली में द्वादश स्थान में शुक्र और मंगल स्थित हो तो यह

योग बनता है ।

परिणाम – ऐसा जातक व्यभिचारी होता है । व्यभिचारी से सीधा तात्पर्य ऐसे व्यक्ति से है जिसका अपने मन पर नियंत्रण नहीं है । ऐसा व्यक्ति परदारगामी, कामी एवं भावुक होता है ।

सावधानी – सीधे व सरल हृदय वाले सज्जन पुरुषों को चाहिए कि वह ऐसे व्यक्तियों को अपने घर में ज्यादा न आने दें एवं उनसे कम संपर्क रखें ।

(75)

निष्पत्ति– **अंशादङ्के केतावामरणं पराङ्गनासक्तिः ॥** —*जातकतत्वम् 7/23*

कारकांश कुंडली में नवम स्थान में यदि केतु स्थित हो तो यह योग बनता है ।

परिणाम – ऐसा जातक व्यभिचारी होता है । व्यभिचारी से सीधा तात्पर्य ऐसे व्यक्ति से है जिसका अपने मन पर नियंत्रण नहीं है । ऐसा व्यक्ति परदारगामी, कामी एवं भावुक होता है ।

सावधानी – सीधे व सरल हृदय वाले सज्जन पुरुषों को चाहिए कि वह ऐसे व्यक्तियों को अपने घर में ज्यादा न आने दें एवं उनसे कम संपर्क रखें ।

(76)

निष्पत्ति – **धनेशे सोत्थे तुर्ये विक्रमी व्यभिचारी ॥** —*जातकतत्वम् 7/24*

धन स्थान का स्वामी यदि तृतीय स्थान में स्थित हो अथवा चतुर्थ स्थान में हो तो यह योग बनता है ।

परिणाम – ऐसा जातक व्यभिचारी होता है । व्यभिचारी से सीधा तात्पर्य ऐसे व्यक्ति से है जिसका अपने मन पर नियंत्रण नहीं है । ऐसा व्यक्ति परदारगामी, कामी एवं भावुक होता है ।

सावधानी – सीधे व सरल हृदय वाले सज्जन पुरुषों को चाहिए कि वह ऐसे व्यक्तियों को अपने घर में ज्यादा न आने दें एवं उनसे कम संपर्क रखें ।

(77)

निष्पत्ति — **द्यूनेशेऽ ङ्गोस्ते व्यभिचारी ॥** —*जातकतत्वम् 7/25*

सप्तम स्थान का अधिपति यदि लग्न में स्थित हो और वह अस्तगत हो अथवा सप्तम स्थान में ही स्थित हो तो यह योग बनता है ।

परिणाम — ऐसा जातक व्यभिचारी होता है । व्यभिचारी से सीधा तात्पर्य ऐसे व्यक्ति से है जिसका अपने मन पर नियंत्रण नहीं है । ऐसा व्यक्ति परदारगामी, कामी एवं भावुक होता है ।

सावधानी — सीधे व सरल हृदय वाले सज्जन पुरुषों को चाहिए कि वह ऐसे व्यक्तियों को अपने घर में ज्यादा न आने दें एवं उनसे कम संपर्क रखें ।

व्यभिचारी योग (नानास्त्री गमन योग)

(78)

निष्पत्ति — **मदेशेन्त्यये नानास्त्रीगमनम् ॥** — *जातकतत्वम् 7/26*

सप्तमेश द्वितीय या द्वादश स्थान में स्थित हो तो यह योग बनता है ।

परिणाम — ऐसा जातक व्यभिचारी होता है । व्यभिचारी से सीधा तात्पर्य ऐसे व्यक्ति से है जिसका अपने मन पर नियंत्रण नहीं है । ऐसा व्यक्ति परदारगामी, कामी एवं भावुक होता है एवं कई स्त्रियों से संभोग करता है ।

सावधानी — सीधे व सरल हृदय वाले सज्जन पुरुषों को चाहिए कि वह ऐसे व्यक्तियों को अपने घर में ज्यादा न आने दें एवं उनसे कम संपर्क रखें ।

व्यभिचारी योग

(79)

निष्पत्ति— **मन्दारवर्गमाभगे भृगौ सप्तमे मन्दारदृष्टे व्यभिचारी ॥**

— *जातकतत्वम् 7/27*

केवल शनि या मंगल के वर्ग में सप्तम स्थान में शुक्र स्थित हो अर्थात् शुक्र, मेष, वृश्चिक मकर या कुंभ राशि में हो तथा उसे शनि व मंगल

देखते हों तो यह योग बनता है ।

परिणाम — ऐसा जातक व्यभिचारी होता है । व्यभिचारी से सीधा तात्पर्य ऐसे व्यक्ति से है जिसका अपने मन पर नियंत्रण नहीं है । ऐसा व्यक्ति परदारगामी, कामी एवं भावुक होता है ।

सावधानी — सीधे व सरल हृदय वाले सज्जन पुरुषों को चाहिए कि वह ऐसे व्यक्तियों को अपने घर में ज्यादा न आने दें एवं उनसे कम संपर्क रखें ।

विशेष — यह योग वृष, कर्क, सिंह, तुला लग्न में ही घटित होता है ।

व्यभिचारी योग

(80)

निष्पत्ति — **सौरारावस्ते सेन्दू स्त्रिया सह व्यभिचारी ॥** *—जातकतत्वम् 7/28*

यदि चंद्रमा के साथ मंगल व सूर्य सप्तम स्थान में स्थित हो तो यह योग बनता है ।

परिणाम — ऐसा जातक व्यभिचारी होता है । व्यभिचारी से सीधा तात्पर्य ऐसे व्यक्ति से है जिसका अपने मन पर नियंत्रण नहीं है । ऐसा व्यक्ति परदारगामी, कामी एवं भावुक होता है ।

सावधानी — सीधे व सरल हृदय वाले सज्जन पुरुषों को चाहिए कि वह ऐसे व्यक्तियों को अपने घर में ज्यादा न आने दें एवं उनसे कम संपर्क रखें ।

(81)

निष्पत्ति — **चंद्रार्कि योगे दम्पत्ति जारौ ॥** *—जातकतत्वम् 7/29*

चंद्रमा व शनि का योग हो तो यह योग बनता है । इस योग के कारण पति-पत्नी दोनों ही व्यभिचारी होते हैं ।

परिणाम — ऐसे दंपत्ति व्यभिचारी होते हैं । व्यभिचारी से सीधा तात्पर्य ऐसे स्त्री-पुरुष से है जिसका अपने मन पर नियंत्रण नहीं है । ऐसा जातक परदारगामी, कामी एवं भावुक होता है ।

सावधानी — सीधे व सरल हृदय वाले सज्जन पुरुषों को चाहिए कि ऐसे पति-पत्नी को अपने घर में ज्यादा न आने दें एवं उनसे कम संपर्क रखें ।

(82)

निष्पत्ति — **लग्नारिपौ पापयुतौ व्यभिचारी ॥** —*जातकतत्वम् 7/30*

लग्नेश और षष्ठेश यदि पापग्रहों से युक्त हों तो यह योग बनता है ।

परिणाम — ऐसा जातक व्यभिचारी होता है । व्यभिचारी से सीधा तात्पर्य ऐसे व्यक्ति से है जिसका मन अपने नियंत्रण में नहीं है । ऐसा व्यक्ति परदारगामी, कामी एवं भावुक होता है ।

सावधानी — सीधे व सरल हृदय वाले पुरुषों को चाहिए कि ऐसे व्यक्तियों को अपने घर में ज्यादा न आने दें एवं उनसे कम संपर्क रखें ।

(83)

निष्पत्ति — **सपापे दारपे विशेषेण व्यभिचारी ॥** —*जातकतत्वम् 7/31*

सप्तम स्थान का अधिपति यदि पापग्रहों से युक्त हो तो यह योग बनता है ।

परिणाम — ऐसा जातक व्यभिचारी होता है ! व्यभिचारी से सीधा तात्पर्य ऐसे व्यक्ति से है जिसका मन अपने नियंत्रण में नहीं है । ऐसा व्यक्ति परदारगामी, कामी एवं भावुक होता है ।

सावधानी — सीधे व सरल हृदय वाले पुरुषों को चाहिए कि ऐसे व्यक्तियों को अपने घर में ज्यादा न आने दें एवं उनसे कम संपर्क रखें ।

(84)

निष्पत्ति— **क्षीणेन्दौ पापयुतेस्ते वा रन्ध्राङ्केसंयोगे व्यभिचारी ॥**

—*जातकतत्वम् 7/20*

क्षीण चंद्रमा यदि पापग्रह से युक्त होकर सप्तम स्थान में हो अथवा अष्टमेश व नवमेश साथ-साथ हो तो यह योग बनता है ।

परिणाम — ऐसा जातक व्यभिचारी होता है । व्यभिचारी से सीधा तात्पर्य ऐसे व्यक्ति से है जिसका मन अपने नियंत्रण मे नहीं है । ऐसा व्यक्ति परदारगामी, कामी एवं भावुक होता है ।

सावधानी — सीधे व सरल हृदय वाले पुरुषों को चाहिए कि ऐसे व्यक्तियों को अपने घर में ज्यादा न आने दें एवं उनसे कम संपर्क बनाए रखें ।

(85)

निष्पत्ति — सप्तमे ज्ञे व्यभिचारी ॥ *—जातकतत्वम् 7/21*

बुध अकेला सप्तम स्थान में हो तो यह योग बनता है ।

परिणाम — ऐसा जातक व्यभिचारी होता है । व्यभिचारी से सीधा तात्पर्य ऐसे व्यक्ति से है जिसका मन अपने नियंत्रण मे नहीं है । ऐसा व्यक्ति परदारगामी, कामी एवं भावुक होता है ।

सावधानी — सीधे व सरल हृदय वाले पुरुषों को चाहिए कि ऐसे व्यक्तियों को अपने घर में ज्यादा न आने दें एवं उनसे कम संपर्क रखें ।

(86)

निष्पत्ति— शुक्रज्यौ सपापौ धन स्थारिगौ व्यभिचारी ॥ *—जातकतत्वम् 7/34*

शुक्र और बृहस्पति यदि पापग्रह के साथ धन स्थान सप्तम या षष्ठ स्थान में स्थित हों तो यह योग बनता है ।

परिणाम — ऐसा जातक व्यभिचारी होता है । व्यभिचारी से सीधा तात्पर्य ऐसे व्यक्ति से है जिसका मन अपने नियंत्रण में नहीं है । ऐसा व्यक्ति परदारगामी, कामी एवं भावुक होता है ।

सावधानी — सीधे व सरल हृदय वाले पुरुषों को चाहिए कि ऐसे व्यक्तियों को अपने घर में ज्यादा न आने दें एवं उनसे कम संपर्क रखें ।

(87)

निष्पत्ति — लग्ने सपापे व्यभिचारी ॥ *—जातकतत्वम् 7/35*

लग्नेश यदि पापग्रह से युक्त हो तो यह योग बनता है ।

परिणाम — ऐसा जातक व्यभिचारी होता है । व्यभिचारी से सीधा तात्पर्य ऐसे व्यक्ति से है जिसका मन अपने नियंत्रण में नहीं है । ऐसा व्यक्ति परदारगामी, कामी एवं भावुक होता है ।

सावधानी — सीधे व सरल हृदय वाले पुरुषों को चाहिए कि ऐसे व्यक्तियों को अपने घर में ज्यादा न आने दें एवं उनसे कम संपर्क रखें ।

बहुभार्या योग

(88)

निष्पत्ति — **चन्द्राच्छौ बलिनौ युतौ बहुदाराः ॥** *—जातकतत्वम् 7/78*

चंद्रमा व शुक्र यदि बलवान हो और परस्पर युक्त हों तो यह योग बनता है ।

परिणाम — इस योग में जन्मे जातक के बहुत से विवाह होते हैं । यह जरूरी नहीं कि ऐसा जातक सभी स्त्रियों से विवाह करे पर इतना अवश्य है कि ऐसा जातक अन्य स्त्रियों के साथ स्वच्छंद रमण करता है तथा उसे अन्य स्त्रियों से पत्नी जैसा सुख मिलता है ।

विशेष — मैंने अरब अमीरात की यात्रा के दौरान कई कुंडलियां ऐसी देखीं जिनमें इस प्रकार के योग थे । वस्तुतः एक-एक शेख के घर में 15-20 पत्नियों का पाया जाना सामान्य बात थी । एक शेख के हरम में तो 50-60 पत्नियां थीं । विदेशों में यह योग अच्छा माना जाता है पर भारत में ऐसे व्यक्ति को घृणित दृष्टि से देखा जाता है ।

(89)

निष्पत्ति— **लग्ने उच्चग्रहे लग्ने लग्नपे स्वोच्चगे वा बहुदाराः ॥**

—जातकतत्वम् 7/79

लग्न में कोई ग्रह अकेला अपनी उच्चराशि में हो अथवा लग्नेश उच्चराशि या स्वराशि में हो तो यह योग बनता है ।

परिणाम — इस योग में जन्मे जातक के बहुत-से विवाह होते हैं । यह जरूरी नहीं कि ऐसा जातक सभी स्त्रियों से विवाह करे पर इतना अवश्य है कि ऐसा जातक अन्य स्त्रियों के साथ स्वच्छंद रमण करता है तथा उसे अन्य स्त्रियों से पत्नी जैसा सुख मिलता है ।

विशेष — मैंने अरब अमीरात की यात्रा के दौरान कई कुंडलियां ऐसी देखीं जिनमें इस प्रकार के योग थे । वस्तुतः एक-एक शेख के घर में 15-20 पत्नियों का पाया जाना सामान्य बात थी । एक शेख के हरम में तो 50-60 पत्नियां थीं । विदेशों में यह योग अच्छा माना जाता है पर भारत में ऐसे व्यक्ति को घृणित दृष्टि से देखा जाता है ।

(90)

निष्पत्ति — यामित्रे बलिशुक्रदृष्टे बहुदाराः ॥ *—जातकतत्वम् 7/80*

बलवान शुक्र सप्तम स्थान को देखता हो तो यह योग बनता है ।

परिणाम — इस योग में जन्मे जातक के बहुत से विवाह होते हैं । यह जरूरी नहीं कि ऐसा जातक सभी स्त्रियों से विवाह करे पर इतना अवश्य है कि ऐसा जातक अन्य स्त्रियों के साथ स्वच्छंद रमण करता है तथा उसे अन्य स्त्रियों से पत्नी जैसा सुख मिलता है ।

विशेष — मैंने अरब अमीरात की यात्रा के दौरान कई कुंडलियां ऐसी देखीं जिनमें इस प्रकार के योग थे । वस्तुतः एक-एक शेख के घर में 15-20 पत्नियों का पाया जाना सामान्य बात थी । एक शेख के हरम में तो 50-60 पत्नियां थीं ।

नोट — यह योग वृष, तुला एवं मीन लग्न में ही घटित होता है ।

(91)

निष्पत्ति — सपापाः लग्नार्थारीशाः सप्तमे बहुदाराः ॥ *—जातकतत्वम् 7/81*

लग्नेश, षष्ठेश व द्वितीयेश यदि पापग्रहों से युक्त होकर सप्तम स्थान में स्थित हो तो यह योग बनता है ।

परिणाम — इस योग में जन्मे जातक के बहुत-से विवाह होते हैं । यह जरूरी नहीं कि ऐसा जातक सभी स्त्रियों से विवाह करे पर इतना अवश्य है कि ऐसा जातक अन्य स्त्रियों के साथ स्वच्छंद रमण करता है तथा उसे अन्य स्त्रियों से पत्नी जैसा सुख मिलता है ।

विशेष — मैंने अरब अमीरात की यात्रा के दौरान कई कुंडलियां ऐसी देखीं जिनमें इस प्रकार के योग थे । वस्तुतः एक-एक शेख के घर में 15-20 पत्नियों का पाया जाना सामान्य बात थी । एक शेख के हरम में तो 50-60 पत्नियां थीं ।

(92)

निष्पत्ति - दारेशे सौरे सपापे बहुदाराः । *—जातकतत्वम् 7/82*

सप्तमेश व द्वितीयेश यदि शनि हो तथा वह पापग्रहों से युक्त हो तो यह योग बनता है ।

परिणाम — इस योग में जन्मे जातक के बहुत-से विवाह होते हैं । यह जरूरी नहीं

कि ऐसा जातक सभी स्त्रियों से विवाह करे पर इतना अवश्य है कि ऐसा जातक अन्य स्त्रियों के साथ स्वच्छंद रमण करता है तथा उसे अन्य स्त्रियों से पत्नी जैसा सुख मिलता है।

विशेष — मैंने अरब अमीरात की यात्रा के दौरान कई कुंडलियां ऐसी देखीं जिनमें इस प्रकार के योग थे। वस्तुत: एक-एक शेख के घर में 15-20 पत्नियों का पाया जाना सामान्य बात थी। एक शेख के हरम में तो 50-60 पत्नियां थीं।

नोट — यह योग कर्क, सिंह, धनु व मकर लग्न में ही घटित होगा।

(93)

निष्पत्ति — **दारेशाद्विक्रमे बलिनि चन्द्रे बहुदाराः ॥** *—जातकतत्वम् 7/83*

सप्तमेश से तृतीय स्थान में बलवान चंद्रमा स्थित हो तो यह योग बनता है।

परिणाम — इस योग में जन्मे जातक के बहुत से विवाह होते हैं। यह जरूरी नहीं कि ऐसा जातक सभी स्त्रियों से विवाह करे पर इतना अवश्य है कि ऐसा जातक अन्य स्त्रियों के साथ स्वच्छंद रमण करता है तथा उसे अन्य स्त्रियों से पत्नी जैसा सुख मिलता है।

विशेष — मैंने अरब अमीरात की यात्रा के दौरान कई कुंडलियां ऐसी देखीं जिनमें इस प्रकार के योग थे। वस्तुत: एक-एक शेख के घर में 15-20 पत्नियों का पाया जाना सामान्य बात थी। एक शेख के हरम में तो 50-60 पत्नियां थीं।

(94)

निष्पत्ति— **स्वान्त्यपौ सोत्थगौ गुरुणा धर्मपेण वा दृष्टौ बहुदाराः।**

—जातकतत्वम् 7/84

द्वितीयेश व द्वादशेश यदि तृतीय स्थान में स्थित हों तथा उन्हें बृहस्पति या नवमेश देखता हो तो यह योग बनता है।

परिणाम — इस योग में जन्मे जातक के बहुत-से विवाह होते हैं। यह जरूरी नहीं कि ऐसा जातक सभी स्त्रियों से विवाह करे पर इतना अवश्य है कि ऐसा जातक अन्य स्त्रियों के साथ स्वच्छंद रमण करता है तथा उसे अन्य स्त्रियों से पत्नी जैसा सुख मिलता है।

विशेष — मैंने अरब अमीरात की यात्रा के दौरान कई कुंडलियां ऐसी देखीं जिनमें इस प्रकार के योग थे। वस्तुतः एक-एक शेख के घर में 15-20 पत्नियों का पाया जाना सामान्य बात थी। एक शेख के हरम में तो 50-60 पत्नियां थीं। विदेशों में यह योग अच्छा किंतु भारत में घृणित दृष्टि से देखा जाता है।

(95)

निष्पत्ति— **दारपे केन्द्रकोणे शुभ वर्गे कर्मदृष्टे बलिनि बहुदाराः ॥**

—जातकतत्वम् 7/85

बली सप्तमेश यदि केंद्र स्थान या त्रिकोण स्थान में शुभ वर्गों में गया हो और उसे कर्मस्थानाधिप देखता हो तो यह योग बनता है।

परिणाम — इस योग में जन्मे जातक के बहुत-से विवाह होते हैं। यह जरूरी नहीं कि ऐसा जातक सभी स्त्रियों से विवाह करे पर इतना अवश्य है कि ऐसा जातक अन्य स्त्रियों के साथ स्वच्छंद रमण करता है। तथा उसे अन्य स्त्रियों से पत्नी जैसा सुख मिलता है।

विशेष — मैंने अरब अमीरात की यात्रा के दौरान कई कुंडलियां ऐसी देखीं जिनमें इस प्रकार के योग थे। वस्तुतः एक-एक शेख के घर में 15-20 पत्नियों का पाया जाना सामान्य बात थी। एक शेख के हरम में तो 50-60 पत्नियां थीं।

(96)

निष्पत्ति — **दारायपौ युतौ वान्योन्येक्षितौ बहुदाराः ॥** *—जातकतत्वम् 7/86*

सप्तमेश व एकादशेश दोनों साथ हों अथवा दोनों एक-दूसरे पर दृष्टि रखते हों तो यह योग बनता है।

परिणाम — इस योग में जन्मे जातक के-बहुत से विवाह होते हैं। यह जरूरी नहीं कि ऐसा जातक सभी स्त्रियों से विवाह करे पर इतना अवश्य है कि ऐसा जातक अन्य स्त्रियों के साथ स्वच्छंद रमण करता है। तथा उसे अन्य स्त्रियों से पत्नी जैसा सुख मिलता है।

विशेष — मैनें अरब अमीरात की यात्रा के दौरान कई कुंडलियां ऐसी देखीं जिनमें इस प्रकार के योग थे। वस्तुतः एक-एक शेख के घर में 15-20 पत्नियों का पाया जाना सामान्य बात थी। एक शेख के हरम में तो 50-60 पत्नियां थी।

(97)

निष्पत्ति— **मदायेशौ बलिनौ कोणगौ बहुदाराः ॥** —*जातकतत्त्वम् 7/87*

सप्तमेश व एकादशेश बलवान हो तथा त्रिकोण स्थान में स्थित हो तो यह योग बनता है ।

परिणाम — इस योग में जन्मे जातक के बहुत से विवाह होते हैं । यह जरूरी नहीं कि ऐसा जातक सभी स्त्रियों से विवाह करे पर इतना अवश्य है कि ऐसा जातक अन्य स्त्रियों के साथ स्वच्छंद रमण करता है तथा उसे अन्य स्त्रियों से पत्नी जैसा सुख मिलता है ।

विशेष — मैंने अरब अमीरात की यात्रा के दौरान कई कुंडलियां ऐसी देखीं जिनमें इस प्रकार के योग थे । वस्तुतः एक-एक शेख के घर में 15-20 पत्नियों का पाया जाना सामान्य बात थी । एक शेख के हरम में तो 50-60 पत्नियां थीं ।

बहुस्त्रीगामी योग

(98)

निष्पत्ति — यदि लग्नाधिपति और सप्तमाधिपति एक-दूसरे से युत या दृष्ट हों तो यह योग बनता है ।

परिणाम — ऐसे जातक के अनेक स्त्रियां होती हैं ।

विशेष — ऐसे योग कामी पुरुषों की कुंडलियों में बहुतायत मे पाए जाते हैं । एक ऐसे ठेकेदार को मैं जानता हूं जिसने अनेक स्त्रियां पाल रखी हैं । वह अपने स्वार्थ पूर्ति के लिए उन्हें सरकारी अधिकारियों को भेंट करता है तथा स्वयं भी भोगता है । ऐसे व्यक्ति के नाम व उदाहरण प्रस्तुत करना खतरे से खाली नहीं, पर ऐसे योग कुंडली में स्पष्टतः मुखरित होते हैं, यह सत्य है ।

शतस्त्रीगामी योग

(99)

निष्पत्ति— **दारेशांशपे सौम्ययुते पारावतादौ बलिनि शतस्त्रीगामी ॥**

—*जातकतत्त्वम् 7/88*

सप्तमेश जिस नवांश में हो उस नवांश का स्वामी ग्रह अर्थात् सप्तमेशाधिष्ठित नवांशेश यदि सौम्य ग्रहों से युक्त हो और बलवान होकर पारावतादि अंशों में गया हो तो यह योग बनता है ।

परिणाम — इस योग में जन्मे जातक के बहुत से विवाह होते हैं । यह जरूरी नहीं कि ऐसा जातक सभी स्त्रियों से विवाह करे पर इतना अवश्य है कि ऐसा जातक अन्य स्त्रियों के साथ स्वच्छंद रमण करता है । तथा उसे अन्य स्त्रियों से पत्नी जैसा सुख मिलता है । शास्त्र वचनों के अनुसार ऐसा पुरुष शतस्त्रीगामी होता है अर्थात् जीवन में सौ स्त्रियों से संसर्ग करता है ।

विशेष — मैंने अरब अमीरात की यात्रा के दौरान कई कुंडलियां ऐसी देखीं जिनमें इस प्रकार के योग थे । वस्तुत: एक-एक शेख के घर में 15-20 पत्नियों का पाया जाना सामान्य बात थी । एक शेख के हरम में तो 50-60 पत्नियां थीं ।

कुभार्या योग

(100)

निष्पत्ति — **मन्देऽस्ते कुदारः ॥** *—जातकतत्वम् 7/102*

शनि यदि सप्तम स्थान में स्थित हो तो यह योग बनता है ।

परिणाम — ऐसे जातक को मनोनुकूल पत्नी नहीं मिलती है । ऐसे जातक की पत्नी कुरूप होती है, या वाणी की कर्कशा होती है, कुछ न कुछ बीमार रहती है । यदि यह तीनों दोष न हों तो इतना तो निश्चित है कि पति-पत्नी के विचारों में मतभेद बना रहता है तथा बात-बात पर लड़ाई-झगड़े की आशंका रहती है ।

विशेष — स्त्री जातक की कुंडली में यह योग पति के लिए घटित होगा ।

उपाय—

1. सप्तमेश का रत्न जड़ित यंत्र धारण करें ।

2. उपाय संख्या 15 करें ।

(101)

निष्पत्ति— **दारपाशेंसपापे कुदारः ॥** *—जातकतत्वम् 7/103*

सप्तमेश जिस नवांश में स्थित हो, उस नवांश का स्वामी यदि कोई

पापग्रह हो तो यह योग बनता है।

परिणाम — इस योग में जन्मे व्यक्ति को मन-वचन व कर्म से अनुकूल चलने वाली पत्नी नहीं मिलती।

विशेष — स्त्री जातक की कुंडली में यह योग हो तो पति के लिए घटित होता है।

उपाय— 1. सप्तमेश का रत्न जड़ित यंत्र धारण करें।

2. उपाय संख्या 15 का नित्य प्रयोग करें।

(102)

निष्पत्ति — **क्रूरषष्ट्यंशे दारपे कुदारः ॥** —*जातकतत्वम् 7/104*

सप्तम स्थान का स्वामी यदि क्रूर षष्ट्यंश में हो तो यह योग बनता है।

परिणाम — ऐसे जातक को मनोनुकूल पत्नी नहीं मिलती है। ऐसे जातक की पत्नी कुरूप होती है, या वाणी की कर्कशा होती है, कुछ न कुछ बीमार रहती है। यदि यह तीनों दोष न हों तो इतना तो निश्चित है कि पति-पत्नी के विचारों में मतभेद बना रहता है तथा बात-बात पर लड़ाई-झगड़े की आशंका रहती है।

विशेष — स्त्री जातक की कुंडली में यह योग पति के लिए घटित होगा।

उपाय— 1. सप्तमेश का रत्न जड़ित यंत्र धारण करें।

2. उपाय संख्या 15 का नित्य प्रयोग करें।

(103)

निष्पत्ति — **नीचभांशे पापे वा करके कुदारः ॥** —*जातकतत्वम् 7/105*

सप्तम स्थान का अधिपति ग्रह अथवा सप्तम स्थान का कारक शुक्र यदि नीच राशि के नवांश में हो तो यह योग बनता है।

परिणाम — ऐसे जातक को मनोनुकूल पत्नी नहीं मिलती है। ऐसे जातक की पत्नी कुरूप होती है, या वाणी की कर्कशा होती है, कुछ न कुछ बीमार रहती है। यदि यह तीनों दोष न हों तो इतना तो निश्चित है कि पति-पत्नी के विचारों में मतभेद बना रहता है तथा बात-बात पर लड़ाई-झगड़े की आशंका रहती है।

विशेष — स्त्री जातक की कुंडली में यह योग पति के लिए घटित होगा।

उपाय— 1 सप्तमेश एवं शुक्र के संयुक्त रत्न 'शुक्रयंत्र' में पहनें।

2 उपाय संख्या 15 का नित्य प्रयोग करें।

(104)

निष्पत्ति — **कलत्रपे रवौ पापभांशे पापयुतदृष्टे कुदारः ॥**

— *जातकतत्वम् 7/106*

कुंभ लग्न हो तथा वह सूर्य पापग्रह की राशि या नवांश में हो और उससे पापग्रह दृष्टि या युति करते हों तो यह योग बनता है।

परिणाम — ऐसे जातक को मनोनुकूल पत्नी नहीं मिलती है। ऐसे जातक की पत्नी कुरूप होती है, या वाणी की कर्कशा होती है, कुछ न कुछ बीमार रहती है। यदि यह तीनों दोष न हों तो इतना तो निश्चित है कि पति-पत्नी के विचारों में मतभेद बना रहता है तथा बात-बात में लड़ाई-झगड़े की आशंका रहती है।

विशेष — स्त्री जातक की कुंडली में यह योग पति के लिए घटित होगा।

उपाय— 1. माणिक जड़ित 'सूर्ययंत्र' धारण करें।

2. सूर्य की हवनात्मक शांति करें।

3. उपाय संख्या 15 का नित्य प्रयोग करें।

(105)

निष्पत्ति — **दारपे चन्द्रे पापभांशे कुदारः ॥** — *जातकतत्वम् 7/107*

मकर लग्न हो तथा चंद्रमा पापग्रह के नवांश में हो तो यह योग बनता है।

परिणाम — ऐसे जातक को मनोनुकूल पत्नी नहीं मिलती है। ऐसे जातक की पत्नी कुरूप होती है, या वाणी की कर्कशा होती है, कुछ न कुछ बीमार रहती है। यदि यह तीनों दोष न हों तो इतना तो निश्चित है कि पति-पत्नी के विचारों में मतभेद बना रहता है तथा बात-बात में लड़ाई-झगड़े की आशंका रहती है।

विशेष — स्त्री जातक की कुंडली में यह योग पति के लिए घटित होगा।

उपाय— 1. मोतीयुक्त चंद्र यंत्र धारण करें ।

2. दुर्गासप्तशती के संपुटित पाठ करावें ।

3. समय-समय पर लघुरुद्र करावें एवं भोजन में दूध का प्रयोग करें ।

(106)

निष्पत्ति — सूर्य सातवें स्थान में हो तो यह योग बनता है ।

परिणाम — इस योग में जन्मे व्यक्ति को मन-वचन व कर्म से अनुकूल चलने वाली पत्नी नहीं मिलती ।

विशेष — सूर्य सातवें होने से ऐसे जातक की पत्नी घमंडी होती है तथा जीवन में प्रत्येक क्षेत्र एवं व्यवहार में पति पर नियंत्रण रखना चाहती है जिससे गृहस्थ सुख नष्ट हो जाता है । इस योग की पूर्ण पुष्टि के लिए हमें शुक्र में चौथा भाव भी देखना चाहिए ।

उदाहरण — **श्रीमती चंद्रादेवी**

जन्म 11-1-1969 समय 18-10;
स्थान — बालोतरा
मन मुटाव है ।

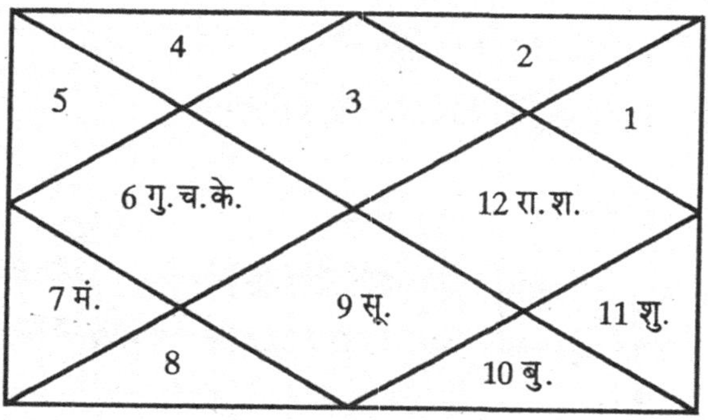

उपाय— 1. सूर्य की हवनात्मक शांति करावें ।

2. दुर्गासप्तशती के संपुटित पाठ करावें ।

सुभार्या योग

(107)

निष्पत्ति — **द्यूनेऽशाद् गुरुचन्द्रौ सुन्दरी स्त्री ॥** — *जातकतत्वम् 7/89*

कारकांश कुंडली में सप्तम स्थान में बृहस्पति व चंद्रमा हो तो यह योग बनता है ।

परिणाम — ऐसे जातक की पत्नी सुंदर, सुलक्षणी, गुणवती होती है । ऐसे जातक की स्त्री स्व धर्मपरायण पतिव्रता होती है तथा हर संभव प्रयत्न से अपने पति को प्रसन्न रखने की चेष्टा करती है ।

(108)

निष्पत्ति — **ज्ञेऽस्त स्या कलावती स्त्री ॥** — *जातकतत्वम् 7/90*

मीन लग्न में सप्तम स्थान में यदि बुध हो तो यह योग बनता है ।

परिणाम — ऐसे जातक की पत्नी सुंदर, सुलक्षणी, गुणवती होती है । ऐसे जातक की स्त्री स्व धर्मपरायण एवं पतिव्रता होती है तथा हर संभव प्रयत्न से अपने पति को प्रसन्न रखने की चेष्टा करती है ।

(109)

निष्पत्ति — **मदेशेऽम्बुगे वा दशमे स्त्री पतिव्रता ॥** — *जातकतत्वम् 7/91*

सप्तमेश यदि चतुर्थ स्थान या दशम स्थान में स्थित हो तो यह योग बनता है ।

परिणाम — ऐसे जातक की पत्नी सुंदर, सुलक्षणी, गुणवती होती है । ऐसे जातक की स्त्री स्व धर्मपरायण एवं पतिव्रता होती है तथा हर संभव प्रयत्न से अपने पति को प्रसन्न रखने की चेष्टा करती है ।

(110)

निष्पत्ति— **दारपेवा शुक्रे गुरुयुतदृष्टे बलिनि स्त्री पतिव्रता ॥**

— *जातकतत्वम् 7/92*

सप्तमेश या शुक्र गुरु से युक्त या दृष्ट हो तथा वह बलवान हो तो यह योग बनता है ।

परिणाम — ऐसे जातक की पत्नी सुंदर, सुलक्षणी, गुणवती होती है । ऐसे जातक

की स्त्री स्व धर्मपरायण एवं पतिव्रता होती है तथा हर संभव प्रयत्न से अपने पति को प्रसन्न रखने की चेष्टा करती है ।

पतिव्रत परायण योग

(111)

निष्पत्ति — **कलत्राधिपतौ केन्द्रे, शुभग्रह निरीक्षते शुभांगे शुभराशौ वा, पतिव्रत परायणः ।**

परिणाम — सप्तमेश केंद्र में शुभग्रहों से दृष्ट अथवा शुभग्रहों के नवमांश में हो तो ऐसी स्त्री धर्मकर्म वाली महान् साध्वी एवं पतिव्रत परायण होती है ।

(112)

निष्पत्ति — **रवौ दारपे शुभदृष्टे स्त्री पतिव्रता ॥** *— जातकतत्वम् 7/93*

सप्तम स्थान में सूर्य की राशि शुभग्रहों से दृष्ट हो तो यह योग बनता है ।

परिणाम — ऐसे जातक की पत्नी सुंदर, सुलक्षणी, गुणवती होती है । ऐसे जातक की स्त्री स्व धर्मपरायण एवं पतिव्रता होती है तथा हर संभव प्रयत्न से अपने पति को प्रसन्न रखने की चेष्टा करती है ।

(113)

निष्पत्ति— **द्यूनेशे भृगौ शुभदृष्टे स्त्री पतिव्रता ॥** *— जातकतत्वम् 7/94*

सप्तम स्थान में शुक्र की राशि हो तथा शुक्र को शुभग्रह देखते हों तो यह योग बनता है ।

परिणाम — ऐसे जातक की पत्नी सुंदर, सुलक्षणी, गुणवती होती है । ऐसे जातक की स्त्री स्व धर्मपरायण एवं पतिव्रता होती है तथा हर संभव प्रयत्न से अपने पति को प्रसन्न रखने की चेष्टा करती है ।

(115)

निष्पत्ति — **कलत्रे जीवे धर्मशीला पतिव्रता ॥** *— जातकतत्वम् 7/96*

सप्तम स्थान में बृहस्पति हो तो यह योग बनता है ।

परिणाम — ऐसे जातक की पत्नी सुंदर, सुलक्षणी, गुणवती होती है । ऐसे जातक

की स्त्री स्व धर्मपरायण एवं पतिव्रता होती है तथा हर संभव प्रयत्न से अपने पति को प्रसन्न रखने की चेष्टा करती है ।

विशेष — यदि सप्तम भाव में मीन या बृहस्पति हो तो पत्नी बहुत ही सुंदर व आकर्षक होती है ।

(114)

निष्पत्ति— **दारेशे वा कारके शुभदृष्टयुते धर्मशीला पतिव्रता ।।**

— जातकतत्वम् 7/97

सप्तमेश यदि केंद्र स्थान में शुभ नवमांश में हो अथवा शुभग्रहों से युत किंवा दृष्ट हो तो यह योग बनता है ।

परिणाम — ऐसे जातक की पत्नी सुंदर, सुलक्षणी, गुणवती होती है । ऐसे जातक की स्त्री स्व धर्मपरायण एवं पतिव्रता होती है तथा हर संभव प्रयत्न से अपने पति को प्रसन्न रखने की चेष्टा करती है ।

सत्कलत्र योग

(116)

निष्पत्ति — सप्तमेश अथवा शुक्र यदि बृहस्पति या बुध से युत किंवा दृष्ट हो तो यह योग बनता है ।

परिणाम — ऐसे जातक की पत्नी उत्तम चरित्र वाली पवित्र एवं सुयोग्य स्त्री होगी ।

उदाहरण — **श्रीमती सुशीला देवी**

जन्म 4-10-1946

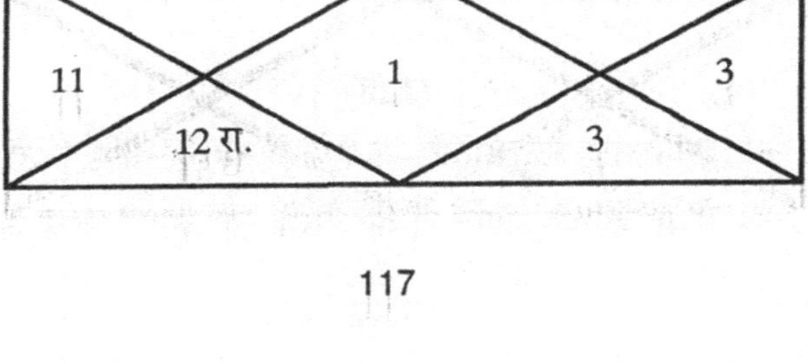

समयः प्रातः 8-30; स्थान—बंबई

विश्लेषण — यह स्त्री इतनी सुंदर, सुशील और पतिव्रता है कि साक्षात् लक्ष्मी है। जैसा इनका नाम है वैसा ही गुण है।

प्रेम विवाह योग

(117)

निष्पत्ति — सप्तमेश स्वगृही हो तो यह योग बनता है।

परिणाम — ऐसा जातक अपने जीवन साथी का चुनाव स्वयं करता है। आगे चलकर उसे अपने माता-पिता व अन्य संबंधियों की स्वीकृति भी मिल जाती है। प्राचीन भारत में स्वयंवर प्रथा थी, यह विवाह लगभग उसी श्रेणी में आता है।

(118)

निष्पत्ति — राहु लग्न में हो तो यह योग बनता है।

परिणाम — ऐसा जातक स्वेच्छाचारी होता है तथा अपने जीवन साथी का चुनाव स्वयं करता है। आगे चलकर उसे अपने माता-पिता व अन्य संबंधियों की स्वीकृति भी मिल जाती है। प्राचीन भारत में स्वयंवर प्रथा थी, यह विवाह लगभग उसी श्रेणी में आता है।

(119)

निष्पत्ति — सप्तमेश एवं शुक्र शनि या राहु के द्वारा देखे जाते हों तो यह योग बनता है।

परिणाम — ऐसा जातक अपने जीवन साथी का चुनाव स्वयं करता है। आगे चलकर उसे अपने माता-पिता व अन्य संबंधियों की स्वीकृति भी मिल जाती है। प्राचीन भारत में स्वयंवर प्रथा थी, यह विवाह लगभग उसी श्रेणी में आता है।

(120)

निष्पत्ति — शनि और केतु सातवें स्थान में हो तो यह योग बनता है।

परिणाम — ऐसा जातक अपने जीवन साथी का चुनाव स्वयं करता है। आगे

चलकर उसे अपने माता-पिता व अन्य संबंधियों की स्वीकृति भी मिल जाती है। प्राचीन भारत में स्वयंवर प्रथा थी, यह विवाह लगभग उसी श्रेणी में आता है।

(121)

निष्पत्ति — सप्तमेश मंगल या राहु के साथ हो तथा शुक्र द्वारा देखा गया हो या शुक्र से किसी प्रकार का संबंध बनाए हुए हो तो यह योग बनता है।

परिणाम — ऐसा जातक अपने जीवन साथी का चुनाव स्वयं करता है। आगे चलकर उसे अपने माता-पिता व अन्य संबंधियों की स्वीकृति भी मिल जाती है। प्राचीन भारत में स्वयंवर प्रथा थी, यह विवाह लगभग उसी श्रेणी में आता है।

(122)

निष्पत्ति — लग्नेश का पंचमेश, सप्तमेश या भाग्येश में संबंध हो तो यह योग बनता है।

परिणाम — ऐसा जातक अपने जीवन साथी का चुनाव स्वयं करता है। आगे चलकर उसे अपने माता-पिता व अन्य संबंधियों की स्वीकृति भी मिल जाती है। प्राचीन भारत में स्वयंवर प्रथा थी, यह विवाह लगभग उसी श्रेणी में आता है।

(123)

निष्पत्ति — एकादश स्थान पापग्रहों के बिल्कुल भी प्रभाव में न हो तो यह योग बनता है।

परिणाम — ऐसा जातक अपने जीवन साथी का चुनाव स्वयं करता है। आगे चलकर उसे अपने माता-पिता व अन्य संबंधियों की स्वीकृति भी मिल जाती है। प्राचीन भारत में स्वयंवर प्रथा थी, यह विवाह लगभग उसी श्रेणी में आता है।

(124)

निष्पत्ति — पंचमेश सप्तमेश की युति हो तो यह योग बनता है।

परिणाम — ऐसा जातक अपने जीवन साथी का चुनाव स्वयं करता है। आगे चलकर उसे अपने माता-पिता व अन्य संबंधियों की स्वीकृति भी

मिल जाती है । प्राचीन भारत में स्वयंवर प्रथा थी, यह विवाह लगभग उसी श्रेणी में आता है ।

(125)

निष्पत्ति — सप्तमेश व नवमेश की युति हो तो यह योग बनता है ।

परिणाम — ऐसा जातक अपने जीवन साथी का चुनाव स्वयं करता है । आगे चलकर उसे अपने माता-पिता व अन्य संबंधियों की स्वीकृति भी मिल जाती है । प्राचीन भारत में स्वयंवर प्रथा थी, यह विवाह लगभग उसी श्रेणी में आता है ।

(126)

निष्पत्ति — पंचमेश नवमेश की युति में हो तो यह योग बनता है ।

परिणाम — ऐसा जातक अपने जीवन साथी का चुनाव स्वयं करता है । आगे चलकर उसे अपने माता-पिता व अन्य संबंधियों की स्वीकृति भी मिल जाती है । प्राचीन भारत में स्वयंवर प्रथा थी, यह विवाह लगभग उसी श्रेणी में आता है ।

प्रेम विवाह योग (परिवर्तन योग से)

(127)

निष्पत्ति — लग्नेश सप्तम में सप्तमेश लग्न में हो तो यह योग बनता है ।

परिणाम — ऐसा जातक अपने जीवन साथी का चुनाव स्वयं करता है । आगे चलकर उसे अपने माता-पिता व अन्य संबंधियों की स्वीकृति भी मिल जाती है । प्राचीन भारत में स्वयंवर प्रथा थी, यह विवाह लगभग उसी श्रेणी में आता है ।

(128)

निष्पत्ति — पंचम भाव में मंगल, पंचमेश के साथ हो तो यह योग बनता है ।

परिणाम — ऐसा जातक अपने जीवन साथी का चुनाव स्वयं करता है । आगे चलकर उसे अपने माता-पिता व अन्य संबंधियों की स्वीकृति भी मिल जाती है । प्राचीन भारत में स्वयंवर प्रथा थी, यह विवाह लगभग उसी श्रेणी में आता है ।

(129)

निष्पत्ति — मंगल सप्तम भाव में हो, सप्तमेश के साथ हो तो यह योग बनता है ।

परिणाम — ऐसा जातक अपने जीवन साथी का चुनाव स्वयं करता है । आगे चलकर उसे अपने माता-पिता व अन्य संबंधियों की स्वीकृति भी मिल जाती है । प्राचीन भारत में स्वयंवर प्रथा थी, यह विवाह लगभग उसी श्रेणी में आता है ।

(130)

निष्पत्ति — शुक्र लग्न में लग्नेश के साथ हो तो यह योग बनता है ।

परिणाम — ऐसा जातक अपने जीवन साथी का चुनाव स्वयं करता है । आगे चलकर उसे अपने माता-पिता व अन्य संबंधियों की स्वीकृति भी मिल जाती है । प्राचीन भारत में स्वयंवर प्रथा थी, यह विवाह लगभग उसी श्रेणी में आता है ।

(131)

निष्पत्ति — शुक्र सप्तम भाव में सप्तमेश के साथ हो तो यह योग बनता है ।

परिणाम — ऐसा जातक अपने जीवन साथी का चुनाव स्वयं करता है । आगे चलकर उसे अपने माता-पिता व अन्य संबंधियों की स्वीकृति भी मिल जाती है । प्राचीन भारत में स्वयंवर प्रथा थी, यह विवाह लगभग उसी श्रेणी में आता है ।

(132)

निष्पत्ति— चंद्रमा लग्न में लग्नेश के साथ हो तो यह योग बनता है ।

परिणाम— ऐसा जातक अपने जीवन साथी का चुनाव स्वयं करता है । आगे चलकर उसे अपने माता-पिता व अन्य संबंधियों की स्वीकृति भी मिल जाती है । प्राचीन भारत में स्वयंवर प्रथा थी, यह विवाह लगभग उसी श्रेणी में आता है ।

(133)

निष्पत्ति— चंद्रमा सप्तम भाव में, सप्तमेश के साथ हो तो यह योग बनता है ।

परिणाम— ऐसा जातक अपने जीवन साथी का चुनाव स्वयं करता है । आगे

चलकर उसे माता-पिता की व अन्य संबंधियों की स्वीकृति भी मिल जाती है। प्राचीन भारत में स्वयंवर प्रथा थी, यह विवाह लगभग उसी श्रेणी में आता है।

(134)

निष्पत्ति— शुक्र लग्न में या चंद्रमा के पांचवें स्थान में हो तो यह योग बनता है।

परिणाम— ऐसा जातक अपने जीवन साथी का चुनाव स्वयं करता है। आगे चलकर उसे माता-पिता की व अन्य संबंधियों की स्वीकृति भी मिल जाती है। प्राचीन भारत में स्वयंवर प्रथा थी, यह विवाह लगभग उसी श्रेणी में आता है।

(135)

निष्पत्ति — शुक्र नवम भाव में हो तो यह योग बनता है।

परिणाम — ऐसा जातक अपने जीवन साथी का चुनाव स्वयं करता है। आगे चलकर उसे माता-पिता की व अन्य संबंधियों की स्वीकृति भी मिल जाती है। प्राचीन भारत में स्वयंवर प्रथा थी, यह विवाह लगभग उसी श्रेणी में आता है।

(136)

निष्पत्ति — सप्तमेश और एकादशेश परस्पर परिवर्तन करके बैठे हों तथा मंगल पंचम या नवम में हो तो यह योग बनता है।

परिणाम — ऐसा जातक अपने जीवन साथी का चुनाव स्वयं करता है। आगे चलकर उसे माता-पिता की व अन्य संबंधियों की स्वीकृति भी मिल जाती है। प्राचीन भारत में स्वयंवर प्रथा थी, यह विवाह लगभग उसी श्रेणी में आता है।

परंपरागत विवाह योग

(137)

निष्पत्ति — चंद्रमा सातवें हो और बृहस्पति के द्वारा देखा जाता हो तो यह योग बनता है।

परिणाम — ऐसे जातक की पत्नी का चुनाव उसके माता-पिता व संबंधियों द्वारा किया जाता है तथा जातक प्राचीन धार्मिक मान्यताओं व परंपरागत विवाह में विश्वास रखता है ।

अंतर्जातीय विवाह योग

(138)

निष्पत्ति — नवम भाव, सप्तम भाव तथा नवमेश होकर बृहस्पति का पापग्रहों से संबंध हो तो यह योग बनता है ।

परिणाम — ऐसा जातक अपनी परंपरागत जातीय व्यवस्था एवं मर्यादाओं को लांघ कर अंतर्जातीय विवाह करता है तथा यह भी देखा गया है कि कई बार ऐसा जातक विवाह के लिए धर्म भी बदल लेता है ।

(139)

निष्पत्ति — लग्न, चंद्र शुक्र का सप्तमेश से संबंध हो तथा शुक्र की शनि या राहु से युति हो तथा द्वितीय भाव पापपीड़ित हो तो यह योग बनता है ।

परिणाम — ऐसा जातक अपनी परंपरागत जातीय व्यवस्था एवं मर्यादाओं को लांघ कर अंतर्जातीय विवाह करता है तथा यह भी देखा गया है कि कई बार ऐसा जातक विवाह के लिए धर्म भी बदल लेता है ।

(140)

निष्पत्ति — कर्क लग्न हो, सप्तम में चंद्रमा शनि से दृष्ट होने से यह योग बनता है ।

परिणाम — ऐसे जातक का अंतर्जातीय विवाह होता है पर विवाह के परिणाम सुखद नहीं होते ।

उदाहरण — **डॉ० रमा शर्मा,**

जन्म 31-7-1958, समय 5-55,

स्थान—जोधपुर,

विवाह उम्र—(32) 31-1-1990

प्रथम कन्या—6-1-1991

पति का नाम—विनोद सूद

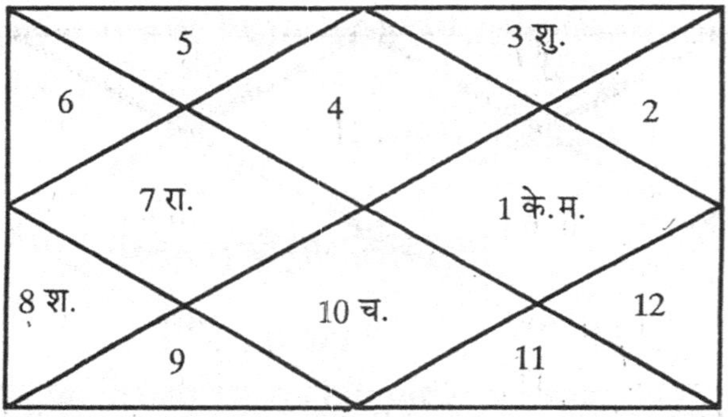

विश्लेषण — सप्तम भाव का स्वामी शनि है । शनि अपने घर को पूर्ण दृष्टि से देख रहा है । सप्तम भाव सूर्य के प्रभाव में है । अत: अंतर्जातीय विवाह हुआ परंतु परिणाम सुखद नहीं है ।

जन्मप्रदेश विवाह योग

(141)

निष्पत्ति — यदि लग्न में स्थिर राशि (वृष, सिंह, वृश्चिक, कुंभ) हो, शुभग्रह उसे देखते हों तो यह योग बनता है ।

परिणाम — ऐसी स्त्री का पति उसके अपने ही प्रदेश का रहने वाला होता है ।

(142)

निष्पत्ति — स्त्री की कुंडली में चंद्रमा यदि स्थिर राशि (वृष, सिंह, वृश्चिक, कुंभ) में हो तो यह योग बनता है ।

परिणाम — ऐसी स्त्री का पति उसके अपने ही प्रदेश का रहने वाला होता है ।

अंतर्जातीय विवाह

(143)

निष्पत्ति — कर्क लग्न में शनि हो तो यह योग बनता है ।

परिणाम — ऐसी महिला प्रेम विवाह करती है तथा प्रेम विवाह करते समय जात-पात, कुल परंपरा की परवाह न करते हुए प्राय: अंतर्जातीय विवाह करती है जिसकी अंतिम परिणति दु:खद होती है ।

उदाहरण — श्रीमती सोनिया गांधी

जन्मतिथि—9-12-46
जन्म समय—21-30
जन्मस्थान—लूसीयाना 45 N 30 N 11 E 33 E

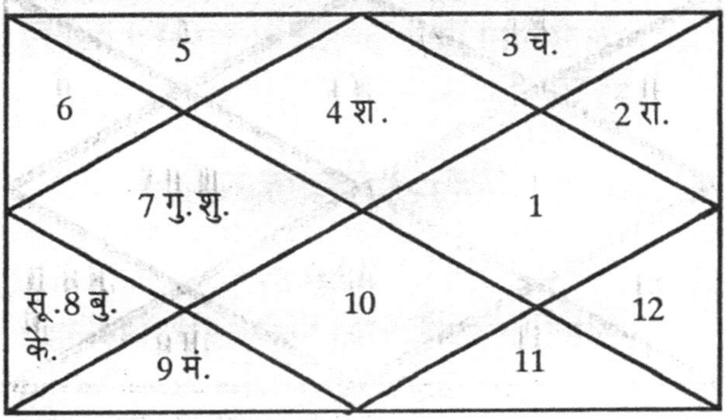

स्व० श्रीमती इंदिरा गांधी

जन्म तारीख—19-11-1917
जन्म समय—11-14
जन्म स्थान—इलाहाबाद (उ०प्र०)

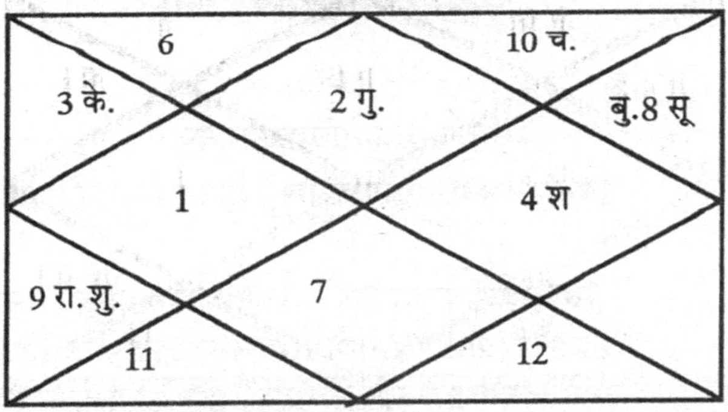

विश्लेषण — उपरोक्त दोनों कुंडलियां अंतर्जातीय विवाह एवं वैधव्ययोग के जगजाहिर उदाहरण हैं। सप्तम भाव पर क्रूर ग्रहों का भाव हो तथा अशुभ मंगल चंद्रमा से सातवें या आठवें हो तो स्त्री को वैधव्ययोग भोगना पड़ता है। श्रीमती सोनिया गांधी का मंगल चंद्रमा से सातवें है फलत: इनके पति की मृत्यु शनि के अंतर में 20-5-1992 को हुई। "इनके पति श्री राजीव गांधी की हत्या होगी, ये विधवा होंगी एवं पति

के स्वर्गवास हो जाने के बाद राजनीति में प्रवेश नहीं करेंगी।" ये सभी भविष्यवाणियां हमने 29 जुलाई 1990 को **'गल्फन्यूज'** व **'खलीज टाइम्स'** में प्रकाशित की थीं। इसी प्रकार से श्रीमती इंदिरा गांधी की हत्या होगी। इसकी भविष्यवाणी भी 21-10-84 के छः माह पूर्व **'अज्ञातदर्शन'** ज्योतिष-पत्रिका में प्रकाशित हुई थी।

अंतर्जातीय विवाह के संदर्भ में कर्कलग्न के बिंदु 19, 25 एवं 26 दृष्टव्य हैं।

विदेश विवाह योग

(144)

निष्पत्ति— **कारके वा कलत्रेशे सक्रूरे कोणे दूरदेशे विवाहः ॥**

—जातकतत्वम् 7/128

सप्तम का कारक शुक्र या सप्तम स्थान का अधिपति क्रूर ग्रहों के साथ त्रिकोण में स्थित हो तो यह योग बनता है।

परिणाम — ऐसे जातक का विवाह दूरस्थ प्रदेश में अर्थात् विदेश में होता है।

वृद्धा व्यभिचार योग

(145)

निष्पत्ति — **धर्मे चन्द्रे वयोधिकस्त्रीगमनम् ॥** *—जातकतत्वम् 7/52*

नवम स्थान में चंद्रमा पापग्रहों के साथ स्थित हो तो यह योग बनता है।

परिणाम — ऐसा जातक मनुष्य अपने से बड़ी अवस्था वाली स्त्री के साथ रमण करता है अर्थात् इस योग में जन्मे जातक के जीवन में ऐसे प्रसंग आएंगे जब वह अपने से बड़ी उम्र की स्त्री के साथ समागम कर लेगा।

गुरु स्त्री गमन योग

(146)

निष्पत्ति — **धर्मेशे नीचे गुरुसंबंधिस्त्रीगमनम् ॥** *—जातकतत्वम् 7/53*

नवम स्थान का अधिपति यदि अपनी नीच राशि में हो तो यह योग बनता है ।

परिणाम — ऐसा जातक मनुष्य अपने से बड़ी अवस्था वाली स्त्री के साथ रमण करता है अर्थात् इस योग में जन्मे जातक के जीवन में ऐसे प्रसंग आएंगे जब वह अपने से बड़ी उम्र की स्त्री के साथ समागम कर लेगा और ऐसी स्त्री गुरुपत्नी या जातक के लिए आदरयोग्य महिला होगी ।

मातृगामी योग

(147)

निष्पत्ति— **केन्द्रे चन्द्रे वा शुक्रे पापान्वितदृष्टे ।**

क्रूरांशे वरोहिणि मातृगमनम् ।।

सुखे पापाः पापदृष्टे मातृगमनम् ।।। —*जातकतत्वम् 7/36-37*

केंद्र में चंद्रमा या शुक्र या सूर्य पापग्रहों से युत या दृष्ट होकर क्रूर नवमांश या षष्ट्मेश में हो या नीचाभिलाषी हो एवं चतुर्थ स्थान में पापग्रह स्थित हो तो यह योग बनता है ।

परिणाम — ऐसा जातक मातृगामी होता है ।

विशेष — दुनिया में इससे बड़ा या क्रूरतम आत्मघाती कोई अपराध नहीं हो सकता । ऐसा कार्य कोई पागल ही कर सकता है या कोई मद्यप । ऐसा कार्य करने की कल्पना भी नहीं की जा सकती, जिसका दिमागी संतुलन खो गया हो या अति कामांधता के कारण जिसमें भले-बुरे का ज्ञान समाप्त हो गया हो वह व्यक्ति ही ऐसा घृणित कार्य कर सकता है ।

हमारे शोध केंद्र में दो-तीन ऐसी कुंडलियां हमारे पास इस योग की आईं । हमने देखा कि उस व्यक्ति के दूसरी माता (पिता की दूसरी पत्नी) थी । वह स्त्री कुलक्षिणी एवं जवान थी । अतः ज्योतिष में इस प्रकार की योगों की अपनी अलग सार्थकता है, जिससे इंकार नहीं किया जा सकता । हमारे भारतीय वांङ्मय में, वैदिक परंपरा में तो पांच प्रकार की माताओं का वर्णन मिलता है । यथा—**राजपत्नी, गुरुपत्नी, भ्रातृपत्नी, तथैव**

च पत्नीमाता स्वमाता, चपंचैतामातरस्मृतः ।

अर्थात्—राजा की पत्नी (राजमाता), गुरु की पत्नी (गुराणी), बड़े भाई की पत्नी (भौजाई), पत्नी की माता (सासूजी) खुद की माता ये पांच प्रकार की माताएं हिंदू के लिए पूजनीय हैं। इनके साथ व्यभिचार करना भी माता के साथ व्यभिचार करने तुल्य दंडनीय अपराध है। हिंदू मान्यताओं के अनुसार व्यभिचार कर्म भी तीन प्रकार के कहे गए हैं—"मनसा वाचा कर्मणा" अर्थात् मानसिक एवं वाचिक क्रिया भी मानसिक व्यभिचार एवं वाचिक व्यभिचार की श्रेणी में आते हैं। फलतः ऐसे गंभीर योगों के बारे में कुशल ज्योतिषी को देशकाल परिस्थिति का सम्यक् अध्ययन कर के ही फलादेश कहना चाहिए।

(148)

निष्पत्ति — चतुर्थ भाव में पापग्रह हो तथा चंद्रमा या शुक्र पापग्रहों से युत या दृष्ट होकर केंद्र स्थानों में हो तो यह योग बनता है।

परिणाम — ऐसा जातक मातृगामी होता है।

भगिनीगामी योग

(149)

निष्पत्ति — **दारेशे सुखे सपाये वा पापदृष्टे क्रूरषष्ट्येशे भगिनीगमनम्।**

अथवा

(150)

सुखे मन्दे पापदृष्टे भगिनीगमनम्॥ —*जातकतत्वम् 7/40*

सप्तमेश पापग्रह से युक्त होकर चतुर्थ स्थान में हो और क्रूरष्ट्यंश में गया हो अथवा सप्तमेश एवं शुक्र युति करके चतुर्थ स्थान में पापदृष्ट हो किंवा चौथे स्थान में शनि पापदृष्ट हो तो इन तीन स्थितियों में यह योग बनता है।

परिणाम — ऐसे व्यक्ति भगिनीगामी होते हैं।

विशेष — बहन के साथ व्यभिचार करना मातृगामी योग के समान ही अतिघृणित एवं जघन्य अपराध है। परंतु यह मान्यता केवल हिंदू

धर्म में है। हिंदू सनातन धर्म में बहन की व्याख्या बहुत लंबी-चौड़ी है। सौतेली बहन, मामा की लड़की बहन, काका की लड़की बहन, बुआ की लड़की बहन, मौसी की लड़की बहन, धर्म बहन, मुंह बोली बहन, इन सभी श्रेणियों को सगी बहन के समान ही इज्जत दी जाती है तथा कभी-कभी सगी बहन से बढ़कर भी इज्जत दी जाती है। भगिनीगामी योग का फलादेश करते समय इन सभी बातों को ध्यान में रखना चाहिए क्योंकि यह योग आजकल बहुत-सी कुंडलियों में पाया जाने लगा है। लोग धर्मभाई, धर्मबहन की सामाजिक मान्यता प्राप्त करके व्यभिचार करने लगे हैं। अतः इस संदर्भ में यह योग उनकी पोल खोल देता है। इसके अतिरिक्त संसार में एक ऐसी जाति भी है जो चचेरी बहन, सौतेली मां की लड़की (पिता की ऊपरी पत्नी) से विवाह करने में अपना सौभाग्य समझती है। ऐसी कुंडलियों को भी इस संदर्भ में गौर से देखना चाहिए।

वन्ध्यागामी योग

(151)

निष्पत्ति – **दारेसूर्य वन्ध्यासंगः।** —*जातकतत्वम् 7/42*

सप्तम स्थान में सूर्य हो तो यह योग बनता है।

परिणाम – ऐसा व्यक्ति वन्ध्यागामी होता है तथा नैतिक नियमों को ताक पर रखकर विधवा स्त्री के साथ संभोग करता है अथवा इस प्रकार के समागम की संभावना उसके जीवन में बनी रहती है।

(152)

निष्पत्ति— **द्यूने भौमे वन्ध्यारजस्वलासंगः॥** —*जातकतत्वम् 7/43*

सप्तम भाव में मंगल हो तो यह योग बनता है।

परिणाम – ऐसा व्यक्ति वन्ध्यागामी होता है तथा नैतिक नियमों को ताक पर रखकर विधवा स्त्री के साथ संभोग करता है अथवा इस प्रकार के समागम की संभावना उसके जीवन में बनी रहती है। ऐसा व्यक्ति यदि मौका मिल जाए तो बांझ व रजस्वला स्त्री के साथ संभोग करने से भी नहीं चूकता।

गर्भिणीगामी योग

(153)

निष्पत्ति — गुरा वस्ते ब्राह्मणी संगः

अथवा

(154)

मंदे भृगो राहो वा गर्भिणी संगः ॥ *—जातकतत्वम् 7/45*

गुरु सप्तम स्थान में स्थित हो, या सप्तम स्थान में शुक्र या राहु स्थित हो, सप्तम भाव पापपीड़ित हो तो यह योग बनता है ।

परिणाम — ऐसे व्यक्ति के जीवन में ऐसे प्रसंग आ जाते हैं जिससे वह ब्राह्मणी या गर्भिणी स्त्री के साथ कुकर्म कर बैठता है ।

विशेष — यह योग गंभीर कुकर्म का संकेत देता है। एक प्रकार से यह सामाजिक अपराध नैतिक नियमों के विरुद्ध है । सभ्य व्यक्ति तो ऐसे कार्य किया नहीं करते फिर भी ऐसे कार्य की संभावना से इंकार नहीं किया जा सकता ।

वेश्यागामी योग

(155)

निष्पत्ति — मदेऽन्त्ये ज्ञे वैश्यासंग ॥ *—जातकतत्वम् 7/44*

सप्तम या द्वादश स्थान में बुध हो तो यह योग बनता है ।

परिणाम — यद्यपि यह योग बहुत ही सामान्य है तथापि इस योग में जन्मे जातक के जीवन में ऐसे प्रसंग आ सकते हैं कि वह वेश्यागामी हो जाए ।

सावधानी — ऐसे जातक को बुरी सोहबत से बचना चाहिए ।

पशुगामी योग

(156)

निष्पत्ति — पापयुक्तदृष्टे कण्टकचतुष्टये पशुगामी ॥ *—जातकतत्वम् 7/54*

यदि चारों केंद्र स्थानों में पापग्रह हों या सब केंद्रों को पापग्रह देखते

हों तो यह योग बनता है ।

परिणाम — ऐसा व्यक्ति पशु से मैथुन करता है अथवा अपनी स्त्री के साथ पशुतुल्य संभोग या व्यवहार करे तो भी यह योग घटित हो जाता है ।

सावधानी—1. ऐसे व्यक्ति को बुरी सोहबत से बचना चाहिए ।

2. मद्यपान से बचें, अश्लील साहित्य से दूर रहें ।

3. भोजन में सात्विकता बनाए रखें ।

(157)

निष्पत्ति — **सपापगुलिके मंदे पशुगामी ॥** —*जातकतत्वम् 7/55*

यदि सप्तम स्थान में गुलिक के साथ कोई पापग्रह हो तो यह योग बनता है ।

परिणाम — ऐसा व्यक्ति पशु से मैथुन करता है अथवा अपनी स्त्री के साथ पशुतुल्य संभोग या व्यवहार करे तो भी यह योग घटित हो जाता है ।

सावधानी—1. ऐसे व्यक्ति को बुरी सोहबत से बचना चाहिए ।

2. मद्यपान से बचें, अश्लील साहित्य से दूर रहें ।

3. भोजन में सात्विकता बनाए रखें ।

(158)

निष्पत्ति — **मंदेऽर्के सुखे भौमे पशुगामी ॥** —*जातकतत्वम् 7/56*

सप्तम स्थान में सूर्य व चतुर्थ स्थान में मंगल हो तो यह योग बनता है ।

परिणाम — ऐसा व्यक्ति पशु से मैथुन करता है अथवा अपनी स्त्री के साथ पशुतुल्य संभोग या व्यवहार करे तो भी यह योग घटित हो जाता है ।

सावधानी—1. ऐसे व्यक्ति को बुरी सोहबत से बचना चाहिए ।

2. मद्यपान से बचें, अश्लील साहित्य से दूर रहें ।

3. भोजन में सात्विकता बनाए रखें ।

(159)

निष्पत्ति — **राहौ दारे सुखे आरे पशुगामी ॥** —*जातकतत्वम् 7/57*

राहु सप्तम स्थान में हो और चतर्थ स्थान में मंगल हो तो यह योग बनता है ।

परिणाम — ऐसा व्यक्ति पशु से मैथुन करता है अथवा अपनी स्त्री के साथ पशुतुल्य संभोग या व्यवहार करे तो भी यह योग घटित हो जाता है ।

सावधानी—1. ऐसे व्यक्ति को बुरी सोहबत से बचना चाहिए ।

2. मद्यपान से बचें, अश्लील साहित्य से दूर रहें ।

3. भोजन में सात्विकता बनाए रखें ।

(160)

निष्पत्ति — **द्यूनेशे भौमर्क्षे शुक्रदृष्टे पशुगामी ॥** —*जातकतत्वम 7/58*

सप्तम स्थान का स्वामी यदि भौम की राशि में हो और उसे शुक्र देखता हो तो यह योग बनता है ।

परिणाम — ऐसा व्यक्ति पशु से मैथुन करता है अथवा अपनी स्त्री के साथ पशुतुल्य संभोग या व्यवहार करे तो भी यह योग घटित हो जाता है ।

सावधानी—1. ऐसे व्यक्ति को बुरी सोहबत से बचना चाहिए ।

2. मद्यपान से बचें, अश्लील साहित्य से दूर रहें ।

3. भोजन में सात्विकता बनाए रखें ।

(161)

निष्पत्ति — **केन्द्रत्रये पापयुते पशुवन्मैथुनशीलः ॥** —*जातकतत्वम् 7/59*

यदि तीन केंद्र स्थान पापग्रहों से युक्त हों तो यह योग बनता है ।

परिणाम — ऐसा व्यक्ति पशु से मैथुन करता है अथवा अपनी स्त्री के साथ पशुतुल्य संभोग या व्यवहार करे तो भी यह योग घटित हो जाता है ।

सावधानी—1. ऐसे व्यक्ति को बुरी सोहबत से बचना चाहिए ।

2. मद्यपान से बचें, अश्लील साहित्य से दूर रहें ।

3. भोजन में सात्विकता बनाए रखें ।

भग चुंबन योग

(162)

निष्पत्ति — **भृग्वस्तेशौ भौमर्क्षे भगचुम्बनशीलः ॥** *—जातकतत्वम् 7/160*

सप्तम स्थान का स्वामी और शुक्र ये दोनों यदि मंगल की राशि में हों तो यह योग बनता है ।

परिणाम — ऐसा मनुष्य पशुओं की तरह स्त्री की योनि का चुंबन करता है । स्त्री की कुंडली में इसके विपरीत योग समझना चाहिए ।

सावधानी—1. ऐसे व्यक्ति को बुरी सोहबत से बचना चाहिए ।

2. मद्यपान से बचें, अश्लील साहित्य से दूर रहें ।

3. भोजन में सात्विकता बनाए रखें ।

(163)

निष्पत्ति— **कर्मेशे भौमभे शुक्रयुते मन्ददृष्टे भगचुम्बनशीलः**

—जातकतत्वम् 7/61

दशम स्थान का स्वामी यदि मंगल की राशि में हो तथा वह शुक्र से युक्त हो और उसे शनि देखता हो तो यह योग बनता है ।

परिणाम — ऐसा मनुष्य पशुओं की तरह स्त्री की योनि का चुंबन करता है । स्त्री की कुंडली में इसके विपरीत योग समझना चाहिए ।

सावधानी—1 ऐसे व्यक्ति को बुरी सोहबत से बचना चाहिए ।

2 मद्यपान से बचें, अश्लील साहित्य से दूर रहें ।

3 भोजन में सात्विकता बनाए रखें ।

(164)

निष्पत्ति — यदि सप्तमेश चौथे भाव में शुक्र से युत हो तो यह योग बनता है ।

परिणाम — ऐसा जातक पशुओं की तरह भग-चुंबन में लगा रहता है ।

सावधानी—1 ऐसे व्यक्ति को बुरी सोहबत से बचना चाहिए ।

2 मद्यपान से बचें, अश्लील साहित्य से दूर रहें ।

3 भोजन में सात्विकता बनाए रखें ।

(165)

निष्पत्ति— **लग्नेशे वा धनेशे नीचभांशे बलजे भगचुम्बनशील: ॥**

—जातकतत्वम् 7/62

लग्नेश या द्वितीयेश यदि निर्बल होकर अपनी नीच राशि के नवांश में हो तो यह योग बनता है ।

परिणाम — ऐसा मनुष्य पशुओं की तरह स्त्री की योनि का चुंबन करता है । स्त्री की कुंडली में इसके विपरीत योग समझना चाहिए ।

सावधानी— 1. ऐसे व्यक्ति को बुरी सोहबत से बचना चाहिए ।

2. मद्यपान से बचें, अश्लील साहित्य से दूर रहें ।

3. भोजन में सात्विकता बनाए रखें ।

विकलांग पत्नी योग

(166)

निष्पत्ति — **अंशादस्ते भौमे स्त्री विकलांगी ॥** *—जातकतत्वम् 7/108*

यदि कारकांश कुंडली में सप्तम स्थान में मंगल मृतावस्था में स्थित हो तो यह योग बनता है ।

परिणाम — ऐसे व्यक्ति की पत्नी विकलांग होती है ।

विकलांग पति योग

(167)

निष्पत्ति — यदि पांचवें, सातवें या नवमें भाव में शुक्र और सूर्य पापग्रह से दृष्ट या युत हों तो यह योग बनता है ।

परिणाम — ऐसी स्त्री का पति विकलांग होगा ।

विशेष — यह योग स्त्री की कुंडली में हो तो निश्चय ही पति विकलांग होगा । यदि पुरुष की कुंडली में उपरोक्त योग घटित होता है तो उसकी पत्नी विकलांग होगी । प्राय: देखने में आया है कि यह योग विवाह के बाद ही घटित होता है । अत: सावधानी अनिवार्य है ।

रोगिणी पत्नी योग

(168)

निष्पत्ति— **ज्ञारभगौ मन्दारौ वा लग्नगौ नासिकारोगती स्त्री।**

—जातकतत्वम् 7/110

शनि और मंगल यदि बुध और मंगल की राशियों में हों या ये दोनों लग्न में हों तो यह योग बनता है।

परिणाम — ऐसे मनुष्य की स्त्री नाक संबंधित रोग से पीड़ित होती है।

विशेष — यह योग केवल मेष, मिथुन, कन्या एवं वृश्चिक लग्न में घटित होता है।

क्रोधिणी पत्नी योग

(169)

निष्पत्ति — **जायेशेष्टमे सरोगा क्रोधिनी स्त्री॥** *—जातकतत्वम् 7/111*

सप्तमेश यदि अष्टम स्थान में हो तो यह योग बनता है।

परिणाम — ऐसे मनुष्य की स्त्री रोगिणी व क्रोधी स्वभाव वाली होती है।

उपाय— 1 सप्तमेश व अष्टमेश की हवनात्मक शांति करें।

2 जातक की स्त्री को मोतीयुक्त 'चंद्रयंत्र' पहनावें।

सेवाव्रती पत्नी योग

(170)

निष्पत्ति — **चन्द्रेऽस्ते दासी समा स्त्री॥** *—जातकतत्वम् 7/113*

यदि सप्तम स्थान में चंद्रमा हो तो यह योग बनता है।

परिणाम — ऐसे मनुष्य की स्त्री खूब सेवा करने वाली अथवा मैली-कुचैली, दासी की तरह रहने वाली होती है।

बांझ योग

(171)

निष्पत्ति— **यमेऽङ्गे ऋक्षसन्धौ शक्रेऽस्ते वन्ध्या स्त्री ॥** *—जातकतत्वम् 7/114*

शनि यदि लग्न में स्थित हो तथा वह ऋक्ष संधि में हो अर्थात् कर्क, वृश्चिक व मीन राशि के अंतिम चरणों में हो तथा शुक्र सप्तमं स्थान मृतावस्था में हो तो यह योग बनता है ।

परिणाम — ऐसे मनुष्य की स्त्री बांझ होती है । अर्थात् कामोपयोग के अयोग्य, स्त्रीत्व से हीन एवं संतान प्राप्त करने में असमर्थ होती हैं ।

सावधानी — विवाह मेलापक के समय ऐसी कन्या का त्याग कर देना चाहिए ।

शिश्न व्याधि योग

(172)

निष्पत्ति — यदि षष्ठेश और अष्टयाधिपति से युत होकर बुध लग्न भाव में स्थित हो तो यह योग बनता है ।

परिणाम — ऐसा जातक असाध्य लैंगिक रोग से ग्रसित होता है ।

विशेष — जन्मकुंडली में छठा भाव गुप्त रोग का होता है । छठे एवं आठवें घर के स्वामी यदि परस्पर संबंध जोड़ेंगे तो जातक को गुप्तरोग होगा और यह रोग जननेन्द्रिय से संबंधित होगा ।

गुह्यरोग योग

(173)

निष्पत्ति — कोई भी लग्न हो पर नवमांश में यदि चंद्रमा कर्क या वृश्चिक राशि में होकर पापक्रांत हो तो यह योग बनता है ।

परिणाम — ऐसा जातक गुप्त रोगों से पीड़ित होता है ।

विशेष — गुप्त रोगों में यौन रोग ही नहीं अपितु बवासीर, हर्निया, ब्लड कैंसर एवं ऐसे मानसिक रोग जिनका कारण और निवारण का पता नहीं चलता, वे सभी बीमारियां गुह्यरोगों की श्रेणी में आती हैं ।

विवाह से पहले विवाह योग

(174)

निष्पत्ति— **स्मरे मन्दज्ञौ पुनर्भूभार्यालाभः ।** *—बृहद् योग रत्नाकर पृ- 314*

सप्तम स्थान में शनि व बुध हो तो यह योग बनता है ।

परिणाम — ऐसे जातक की पत्नी विवाह से पहले ही विवाहित होती है । अर्थात् ऐसे जातक की पत्नी अक्षत योनी नहीं होती है, विवाह के पूर्व ही उसका परपुरुष से संबंध हो चुका होता है ।

सावधानी — विवाह मेलापक के समय ऐसी कुंडली का ध्यान रखना चाहिए ।

(175)

निष्पत्ति— **चन्द्रशनी कलत्रे पुनर्भूभार्यालाभः ॥** *—बृहद् योग रत्नाकर पृ० 314*

चंद्रमा व शनि यदि सप्तम स्थान में हों तो यह योग बनता है ।

परिणाम — ऐसे जातक की पत्नी विवाह से पहले ही विवाहित होती है । अर्थात् ऐसे जातक की पत्नी अक्षत योनी नहीं होती है, विवाह के पूर्व ही उसका परपुरुष से संबंध हो चुका होता है ।

सावधानी — विवाह मेलापक के समय ऐसी कुंडली का ध्यान रखना चाहिए ।

विधवा विवाह योग

(176)

निष्पत्ति— **अंशाद् दारे राहौ गृहे स्त्री विधवा ॥** *—बृहद् योगरत्नाकर पृ० 313*

कारकांश कुंडली में यदि सप्तम स्थान में राहु हो तो यह योग बनता है ।

परिणाम — ऐसा मनुष्य किसी विधवा से विवाह करता है ।

विशेष — जो कन्याएं छोटी अवस्था में विधवा हो जाती हैं उनके साथ विवाह करना, आज के परिपेक्ष्य में सामाजिक सुधार का ही एक अंग है ।

भारत में यह योग अनुकरणीय समाज सुधार के आंदोलन में आता है जबकि विदेशों में यह अत्यंत साधारण व सामान्य बात है ।

चरित्रहीन स्त्री योग

(177)

निष्पत्ति — **अष्टेशेऽष्टमे स्त्री जारिणी ॥** *—जातकतत्वम्*

यदि अष्टमेश अष्टम स्थान में हो तो यह योग बनता है ।

परिणाम — ऐसे पुरुष की पत्नी संदिग्ध व्यवहार वाली एवं चरित्रहीन अवस्था वाली होती है ।

सावधानी — विवाह मेलापक के समय ऐसी कुंडलियों का विशेष ध्यान रखना चाहिए । खाली मंगल मिलान या गुण मेलापक से काम नहीं बनता ।

(178)

निष्पत्ति— **षष्ठाष्टाङ्केशाः सपापाः पापदृष्टाः स्त्री जारिणी ॥** *—जातकतत्वम्*

षष्ठेश, अष्टमेश व नवमेश यदि पापग्रहों से युक्त हों तथा पापग्रहों से दृष्ट हों तो यह योग बनता है ।

परिणाम — ऐसे पुरुष की पत्नी संदिग्ध व्यवहार वाली एवं चरित्रहीन अवस्था वाली होती है ।

सावधानी — विवाह मेलापक के समय ऐसी कुंडलियों का विशेष ध्यान रखना चाहिए । खाली मंगल मिलान या गुण मेलापक से काम नहीं बनता ।

चरित्रहीन पति योग

(179)

निष्पत्ति — सप्तम भाव में पापग्रह अशुभ योग करके बैठे हों तो यह योग बनता है ।

परिणाम — ऐसी स्त्री का पति चरित्रहीन होता है ।

सावधानी— **1.** पति को गुरु यंत्र पहनावें ।

2. बुरी सोहबत से बचावें ।

3. पति को सात्विक भोजन दें ।

4 पति को अकेला न छोड़ें । हर कदम पर उसके साथ रहें ।

(180)

निष्पत्ति — चंद्र, शुक्र यदि पाप ग्रह के प्रभाव में हों तो यह योग बनता है।

परिणाम — ऐसी स्त्री का पति चरित्रहीन होता है।

सावधानी— 1 पति को गुरु यंत्र पहनावें।

2 बुरी सोहबत से बचावें।

3 पति को सात्विक भोजन दें।

4 पति को अकेला न छोड़ें हर कदम पर उसके साथ रहें।

(181)

निष्पत्ति — शुक्र और शनि सातवें, आठवें, या दसवें स्थान में हों तो यह योग बनता है।

परिणाम — ऐसी स्त्री का पति चरित्रहीन होता है।

सावधानी— 1. पति को गुरु यंत्र पहनावें।

2. बुरी सोहबत से बचावें ।

3. पति को सात्विक भोजन दें।

4. पति को अकेला न छोड़ें हर कदम पर उसके साथ रहें।

(182)

निष्पत्ति — छठे घर का स्वामी छठे, आठवें या बारहवें स्थान में हो तो यह योग बनता है।

परिणाम — ऐसी स्त्री का पति चरित्रहीन होता है।

सावधानी— 1. पति को गुरु यंत्र पहनावें।

2. बुरी सोहबत से बचावें ।

3. पति को सात्विक भोजन दें।

4. पति को अकेला न छोड़ें हर कदम पर उसके साथ रहें।

(183)

निष्पत्ति — शनि सातवें तथा शुक्र चंद्रमा से दसवें स्थान में हो तो यह योग

बनता है।

परिणाम — ऐसी स्त्री का पति चरित्रहीन होता है।

सावधानी—1. पति को गुरु यंत्र पहनावें।

2. बुरी सोहबत से बचावें ।

3. पति को सात्विक भोजन दें।

4. पति को अकेला न छोड़ें हर कदम पर उसके साथ रहें।

(184)

निष्पत्ति — मंगल और शुक्र ने आपस में स्थान परिवर्तन कर लिया हो तो यह योग बनता है।

परिणाम — ऐसी स्त्री का पति चरित्रहीन होता है।

सावधानी—1. पति को गुरु यंत्र पहनावें।

2. बुरी सोहबत से बचावें ।

3. पति को सात्विक भोजन दें।

4. पति को अकेला न छोड़ें हर कदम पर उसके साथ रहें।

(185)

निष्पत्ति — सप्तमेश आठवें हो और मंगल सातवें स्थान को देखता हो तो यह योग बनता है।

परिणाम — ऐसी स्त्री का पति चरित्रहीन होता है।

सावधानी—1. पति को गुरु यंत्र पहनावें।

2. बुरी सोहबत से बचावें ।

3. पति को सात्विक भोजन दें।

4. पति को अकेला न छोड़ें हर कदम पर उसके साथ रहें।

(186)

निष्पत्ति — लग्नेश व सप्तमेश ने परस्पर परिवर्तन कर लिया हो तो यह योग बनता है।

परिणाम — ऐसी स्त्री का पति चरित्रहीन होता है।

सावधानी—1. पति को गुरु यंत्र पहनावें।

2. बुरी सोहबत से बचावें ।

3. पति को सात्विक भोजन दें।

4. पति को अकेला न छोड़ें हर कदम पर उसके साथ रहें।

(187)

निष्पत्ति — चंद्र, मंगल और शनि सातवें स्थान में हो तो यह योग बनता है।

परिणाम — ऐसी स्त्री का पति चरित्रहीन होता है।

सावधानी—1. पति को गुरु यंत्र पहनावें।

2. बुरी सौबत से बचावें ।

3. पति को सात्विक भोजन दें।

4. पति को अकेला न छोड़ें हर कदम पर उनके साथ रहें।

(188)

निष्पत्ति — शनि और मंगल सातवें में हो तो यह योग बनता है।

परिणाम — ऐसी स्त्री का पति चरित्रहीन होता है।

सावधानी—1. पति को गुरु यंत्र पहनावें।

2. बुरी सोहबत से बचावें ।

3. पति को सात्विक भोजन दें।

4. पति को अकेला न छोड़ें हर कदम पर उसके साथ रहें।

वृद्धा विवाह योग

(189)

निष्पत्ति — **अंशादस्ते सौरे वयोऽधिकास्त्री।** —*जातकतत्वम्*

कारकांश कुंडली में यदि सप्तम भाव शनि स्थित हो तो यह योग बनता है।

परिणाम — ऐसे पुरुष की पत्नी उससे अधिक अवस्था वाली अर्थात् बड़ी उम्र वाली होती है ।

विशेष — भगवान कृष्ण की प्रेयसी (पत्नी) राधा उनसे बड़ी उम्र वाली थी । प्रेम विवाह वाली कुंडलियों में इस प्रकार का योग पाया जाता है ।

वृद्धावस्था में विवाह योग

(190)

निष्पत्ति — सप्तम भाव सप्तमेश एवं शुक्र निर्बल हो और उन पर राहु शनि का प्रभाव हो तो यह योग बनता है ।

परिणाम — ऐसे जातक का विवाह वृद्धावस्था में होता है । लगभग 40 वर्ष की आयु के पश्चात् विवाह होता है ।

उपाय — विज्ञ कर्मकांडी से परामर्श लें ।

(191)

निष्पत्ति — लग्नेश, सप्तमेश व शुक्र निर्बल हो या स्थिर राशियों में हो किंतु चंद्रमा चर राशि में हो तो यह योग बनता है ।

परिणाम — ऐसे जातक का विवाह वृद्धावस्था में होता है । लगभग 50 वर्ष की आयु के पश्चात् विवाह होता है ।

उपाय — विज्ञकर्मकांडी से परामर्श लें ।

(192)

निष्पत्ति — लग्न या सातवें स्थान में राहु शनि हो और शुक्र निर्बल हो तो यह योग बनता है ।

परिणाम — ऐसे जातक का विवाह वृद्धावस्था में होता है । लगभग 50 वर्ष की आयु के पश्चात् विवाह होता है ।

उपाय — विज्ञकर्मकांडी से परामर्श लें ।

(193)

निष्पत्ति — सप्तमेश नीच राशि का तथा शुक्र आठवें हो तो यह योग बनता है ।

परिणाम — ऐसे जातक का विवाह वृद्धावस्था में होता है । लगभग 60 वर्ष की

आयु के पश्चात् विवाह होता है ।

उपाय — विज्ञ कर्मकांडी से परामर्श लें ।

(194)

निष्पत्ति — मिथुन या मकर लग्न हो, पंचमेश शुक्र छठे, आठवें बारहवें स्थान में हो तो यह योग बनता है ।

परिणाम — ऐसे जातक का विवाह वृद्धावस्था में होता है । लगभग 40-50 वर्ष की आयु के पश्चात् विवाह होता है ।

उपाय — विज्ञ कर्मकांडी से परामर्श लें ।

पत्नी भक्त योग

(195)

निष्पत्ति — लग्नेश सप्तम में रहने पर यह योग बनता है ।

परिणाम — ऐसा जातक स्त्री की बात को मानने वाला, उसे प्रसन्न रखने की चेष्टा करने वाला एवं पत्नी भक्त होता है ।

विशेष — भाग्यशाली स्त्री को निश्चय ही ऐसा पति मिलता है ।

जायाहीन योग

(196)

निष्पत्ति— **धर्मास्तात्मजगौ सिताकौं जायाहीनः ॥** *—जातकतत्वम् 7/154*

शुक्र व सूर्य यदि नवम, सप्तम व पंचम स्थान में हों तो यह योग बनता है ।

परिणाम — ऐसा व्यक्ति अनेक प्रयत्न करने पर भी अनेक विवाह करने पर भी पत्नी सुख से वंचित रहता है ।

उपाय— **1.** यदि आपकी कुंडली में यह योग हो तो किसी कर्मकांडी ज्योतिषी से शीघ्र संपर्क करें ।

(197)

नेष्पत्ति — **चंद्रादस्तेऽर्कजारौ शुक्रौ जायाहीनः ॥** *—जातकतत्वम् 7/155*

चंद्रमा से सप्तम में मंगल व शनि, शुक्र के साथ हो तो यह योग बनता है ।

परिणाम — ऐसा व्यक्ति अनेक प्रयत्न करने पर भी, अनेक विवाह करने पर भी पत्नी सुख से वंचित रहता है ।

उपाय— 1. यदि आपकी कुंडली में यह योग हो तो किसी कर्मकांडी ज्योतिषी से शीघ्र संपर्क करें ।

(198)

निष्पत्ति — **शुक्रज्ञौ द्यूने दारहीनः ॥** —*जातकतत्वम् 7/156*

शुक्र, बुध सप्तम स्थान में हों तो यह योग बनता है ।

परिणाम — ऐसा व्यक्ति अनेक प्रयत्न करने पर भी, अनेक विवाह करने पर भी पत्नी सुख से वंचित रहता है ।

उपाय— 1. यदि आपकी कुंडली में यह योग हो तो किसी कर्मकांडी ज्योतिषी से शीघ्र संपर्क करें ।

(199)

निष्पत्ति— **शुक्रान्मदे पापे वा सपापे शुक्रे सुखेन ॥** —*जातकतत्वम् 7/157*

शुक्र से सप्तम स्थान में पापग्रह हो या पापग्रह से युक्त शुक्र हो तो यह योग बनता है ।

परिणाम — ऐसा व्यक्ति अनेक प्रयत्न करने पर भी, अनेक विवाह करने पर भी पत्नी सुख से वंचित रहता है ।

उपाय— 1. यदि आपकी कुंडली में यह योग हो तो किसी कर्मकांडी ज्योतिषी से शीघ्र संपर्क करें ।

पुत्र कलत्र हीन योग

(200)

निष्पत्ति — जब क्षीण चंद्रमा पांचवें भाव में एवं पापग्रह सातवें और बारहवें भाव में हो तो यह योग बनता है ।

परिणाम — ऐसा जातक जीवन पर्यंत पत्नी और बच्चों से वंचित रहता है ।

विशेष — इस योग के घटित होने की तीन शर्तें हैं —

1. सूर्य, मंगल, शनि और राहु में से कोई ग्रह सातवें हो ।
2. इनमें से कोई ग्रह द्वादश में हो तथा
3. क्षीण चंद्रमा पंचमस्थ तब यह योग पूर्ण रूप से घटित होता है ।

पत्नी हंता योग

(201)

निष्पत्ति — **चन्द्रेऽन्त्ये शुक्रेऽस्ते दारहन्ता ॥** *—जातकतत्वम् 7/160*
चंद्रमा यदि द्वादश स्थान में हो और शुक्र सप्तम स्थान में हो तो यह योग बनता है ।

परिणाम — ऐसा मनुष्य अपनी पत्नी की हत्या कर सकता है ।

सावधानी — विवाह मेलापक के समय ऐसी जन्म कुंडलियों का सुखी दांपत्य-जीवन के परिपेक्ष में त्याग करना चाहिए ।

भार्यानाश योग

(202)

निष्पत्ति— **षष्ठे च भवने भौमः सप्तमे राहु संस्थितिः ।**
अष्टमे च यदा सौरि, तस्य भार्या न जीवति ॥

परिणाम — छठे स्थान में मंगल, सातवें राहु और अष्टम स्थान में शनि हो तो उसकी स्त्री मर जाती है ।

विवाहत्तृतीये दिवसे सर्पदंश

(203)

निष्पत्ति— **कुटुंब स्थानगो राहुः कलत्रे भौम संयुते ।**
पाणिग्रहे च त्रिदिने सर्पदृष्टे वधूमृतिः ॥
—बृहत्पाराशर होराशास्त्र 18/37

परिणाम — द्वितीय भाव में राहु, सप्तम में मंगल हो तो विवाह के तीसरे दिन सांप

काटने से स्त्री का मरण होता है ।

विशेष — यह योग परीक्षित नहीं है परंतु जनश्रुति के अनुसार महर्षि पाराशर के जीवन में ऐसा प्रसंग आया था कि उनकी पुत्री के विवाह के तीन दिन के भीतर सर्पदंश से मृत्यु होनी थी । यही योग था परंतु मृत्यु हुई नहीं । बताते हैं कि जल घड़ी के कारण लग्न गणना में कुछ अंतर आ गया था । फिर उनकी पुत्री ने बट सावित्री की उपासना कर रखी थी । फिर भी यदि किसी स्त्री की कुंडली में यह योग हो तो उसे विषभोजन या विषकृमि काटने का भय रहता है, यह तो निश्चित है

उपाय—

1. बट सावित्री की कथा करें ।
2. नागपंचमी का व्रत रखें ।
3. सर्पों को दूध पिलावें
4. नागपाश यंत्र को पूजन कक्ष में स्थापित करें ।

भार्यानाश योग

(204)

निष्पत्ति—

षष्ठाष्टम व्ययस्थाने मदेशो दुर्बलो ययदि ।
नीचराशि गतो वापि दारनाशं विर्निर्दिशेत् ।।

—बृहतपाराशर होराशास्त्र 18/17

परिणाम — सप्तमेश निर्बल होकर छठे, आठवें, बारहवें स्थान में नीच का हो तो उसकी स्त्री मर जाती है ।

आत्महत्या योग

(205)

निष्पत्ति— **पापन्तस्थास्फुचिद्रन्ध्रे वा सुखे जाया पाशेन नश्यति ।**

—जातकतत्वम् 7/144

यदि पापग्रहों के अंतराल में शुक्र अष्टम या चतुर्थ स्थान में हो तो यह योग बनता है ।

परिणाम — ऐसे जातक की पत्नी आत्महत्या करती है तथा बहुत संभव है कि

फांसी लगाकर मृत्यु को प्राप्त हो ।

सावधानी— 1. विवाह मेलापक के समय ऐसी कुंडली का ध्यान रखें ।

2. यदि यह योग आपकी पत्नी की कुंडली में है तो शीघ्र किसी कर्मकांडी ज्योतिषी से संपर्क करें ।

(206)

निष्पत्ति — **सद्योग्दृग्घीने शुक्रे पाशेन भार्यानाशः ।।** *—जातकतत्वम् 7/145*

शुभग्रहों के योग में व दृष्टि से रहित शुक्र हो तो यह योग बनता है ।

परिणाम — ऐसे जातक की पत्नी आत्महत्या करती है तथा बहुत संभव है कि फांसी लगाकर मृत्यु को प्राप्त हो ।

सावधानी— 1. विवाह मेलापक के समय ऐसी कुंडली का ध्यान रखें ।

2. यदि यह योग आपकी पत्नी की कुंडली में है तो शीघ्र किसी कर्मकांडी ज्योतिषी से संपर्क करें ।

अग्निदाह योग

(207)

निष्पत्ति— **भृगुजे सपापे सौम्यैरदृष्टेग्निदाहाज्जायानाशः ।।**

—जातकतत्वम् 7/147

यदि शुक्र पापग्रहों से युक्त होकर शुभग्रहों से अदृष्ट हो तो यह योग बनता है ।

परिणाम — ऐसे जातक की पत्नी आत्महत्या करती है तथा बहुत संभव है कि अग्निदाह से मृत्यु को प्राप्त हो ।

सावधानी— 1. विवाह मेलापक के समय ऐसी कुंडली का ध्यान रखें ।

2. यदि यह योग आपकी पत्नी की कुंडली में है तो शीघ्र किसी कर्मकांडी ज्योतिषी से संपर्क करें ।

(208)

निष्पत्ति— **शुक्रातुर्याष्टमगैः पापैर्भार्याया अग्निदाहः ।।** *—जातकतत्वम् 7/150*

शुक्र से चतुर्थ या अष्टम स्थान में पापग्रह हो तो यह योग बनता है ।

परिणाम — ऐसे जातक की पत्नी आत्महत्या करती है तथा बहुत संभव है कि अग्निदाह से मृत्यु को प्राप्त हो ।

सावधानी—1. विवाह मेलापक के समय ऐसी कुंडली का ध्यान रखें ।

2. यदि यह योग आपकी पत्नी की कुंडली में है तो शीघ्र किसी कर्मकांडी ज्योतिषी से संपर्क करें ।

आत्महत्या योग

(209)

निष्पत्ति— **पापान्तरे शुक्र उच्छ्रितपतनाज्जायानाशः ॥** *—जातकतत्वम् 7/151*

शुक्र यदि पापग्रहों के अंतराल में कहीं स्थित हो तो यह योग बनता है ।

परिणाम — ऐसे जातक की पत्नी आत्महत्या करती है तथा बहुत संभव है कि ऊंचे स्थान से गिरकर मृत्यु को प्राप्त हो ।

सावधानी—1. विवाह मेलापक के समय ऐसी कुंडली का ध्यान रखें ।

2. यदि यह योग आपकी पत्नी की कुंडली में है तो शीघ्र किसी कर्मकांडी ज्योतिषी से संपर्क करें ।

गर्भकाल में मृत्यु योग

(210)

निष्पत्ति— **सुतेशे दो दारे दारपे सपापे शुक्रे बले गर्भनिमित्त भार्यानाशः**

—जातकतत्वम् 7/151

पंचम स्थान का अधिपति यदि सप्तम स्थान में हो और सप्तमेश पापग्रहों से युक्त हो, शुक्र निर्बल है तो यह योग बनता है ।

परिणाम — ऐसे जातक की पत्नी आत्महत्या करती है तथा बहुत संभव है कि गर्भपात के कारण मृत्यु को प्राप्त हो ।

सावधानी—1. विवाह मेलापक के समय ऐसी कुंडली का ध्यान रखें ।

2. यदि यह योग आपकी पत्नी की कुंडली में है तो शीघ्र किसी कर्मकांडी ज्योतिषी से संपर्क करें ।

अल्पजीवी पत्नी योग

(211)

निष्पत्ति — सूर्य सातवें यदि कर्क या तुला राशि का हो तो यह योग बनता है ।

परिणाम — ऐसे जातक की पत्नी अल्पजीवी होती है ।

विशेष — यह योग केवल मेष लग्न एवं मकर लग्न में ही घटित होता है ।

उपाय— 1. किसी कर्मकांडी ज्योतिषी से शीघ्र परामर्श लें ।

(212)

निष्पत्ति— **मन्देऽअष्टमे षष्ट भौमेऽस्ते राहो भार्या न जीवति ।**

—जातकतत्वम् 7/138

शनि अष्टम स्थान में हो, मंगल छठे स्थान में हो और राहु सप्तम स्थान में हो तो यह योग बनता है ।

परिणाम — ऐसे जातक की पत्नी जीवित नहीं रहती है ।

उपाय— 1. किसी कर्मकांडी ज्योतिषी से शीघ्र परामर्श लें ।

(213)

निष्पत्ति — **लग्ने ऽर्के मन्देऽस्ते जायानाशः ॥** *— जातकतत्वम्*

लग्न में सूर्य और सप्तम में शनि हो तो यह योग बनता है ।

परिणाम — ऐसे जातक की पत्नी जीवित नहीं रहती है ।

विशेष — कन्या लग्न में यह योग ज्यादा पुष्ट होता है ।

उपाय— 1. किसी कर्मकांडी ज्योतिषी से शीघ्र परामर्श लें ।

(214)

निष्पत्ति — **लग्ने नीचे ग्रह लग्नेश नीचगे वा दारनाशः ।**

—जातकतत्वम् 7/139

लग्न में नीचराशिगत ग्रह हो तथा लग्नेश भी नीच राशि में हो तो यह योग बनता है ।

परिणाम — ऐसे जातक की पत्नी जीवित नहीं रहती है ।

उपाय— 1. किसी कर्मकांडी ज्योतिषी से शीघ्र परामर्श लें।

(215)

निष्पत्ति— **सुखे नीचगे शुक्र वा चन्द्रे दारनाशः।** —*जातकतत्वम् 7/141*

चतुर्थ भाव में नीच राशि का शुक्र या चंद्रमा हो, सप्तम भाव पापपीड़ित हो तो यह योग बनता है।

परिणाम — ऐसे जातक की पत्नी जीवित नहीं रहती है।

उपाय— 1. किसी कर्मकांडी ज्योतिषी से शीघ्र परामर्श लें।

(216)

निष्पत्ति — **षष्ठेशाच्द्दौ युतौ भार्याविपत्।** —*जातकतत्वम् 7/148*

षष्ठेश व शुक्र यदि युति करते हैं तो यह योग बनता है।

परिणाम — ऐसे जातक की पत्नी अल्पजीवी होती है।

उपाय— 1. किसी कर्मकांडी ज्योतिषी से शीघ्र परामर्श लें।

दीर्घजीवी पत्नी योग

(217)

निष्पत्ति — लग्न से आठवें भाव पर शुभ ग्रहों के होने पर यह योग बनता है।

परिणाम — ऐसे जातक की पत्नी की मृत्यु उसके रहते नहीं होती अर्थात् पत्नी दीर्घजीवी होती है।

विशेष — भारतीय सभ्यता-संस्कृति के परिपेक्ष्य में इस योग को अच्छा नहीं माना गया।

वैधव्य योग

(218)

निष्पत्ति— **भौमर्क्षे राहौ सपापेष्टये व्यये विधवा।**
लग्नचन्द्रा न्यरतः पापाः सप्तमेष्टवे वा विधवा।

—*जातकतत्वम् 13/29*

मंगल की राशि (मेष/वृश्चिक) में गया हुआ राहु पापग्रह से युक्त होकर आठवें या बारहवें स्थान में गया हो एवं चंद्रमा से सातवें या आठवें भाव में पापग्रह हो तो यह योग बनता है ।

परिणाम — ऐसी महिला विवाह के सात या आठ वर्ष बाद ही विधवा हो जाती है अर्थात् उसके पति की मृत्यु हो जाती है ।

उपाय — जिस कन्या की कुंडली में यह योग हो उसे तत्काल विद्वान् दैवज्ञ से मिलकर घटविवाह ग्रहशांति का विधान कराना चाहिए ।

(219)

निष्पत्ति — **मदे कुलीरे सरवौ कुजेऽपि धवेन हीना ।**

— जातकतत्वम् 13 ।

सप्तम भाव में कर्क राशि का सूर्य मंगल के साथ हो तथा लग्न या चंद्रमा पापपीड़ित हो तो यह योग बनता है ।

परिणाम — ऐसी महिला विवाह के सात या आठ वर्ष बाद ही विधवा हो जाती है अर्थात् उसके पति की मृत्यु हो जाती है ।

उपाय — यह योग केवल मकर लग्न में घटित होता है । जिस कन्या की कुंडली में यह योग हो उसे तत्काल विद्वान दैवज्ञ से मिलकर घटविवाह ग्रहशांति का विधान कराना चाहिए ।

बाल विधवा योग

(220)

निष्पत्ति — **सप्तमे भौमे पापदृष्टे बालविधवा ।**

अथवा

सप्तमे रन्ध्रेशे सप्तमेश पापदृष्टे नवोढा रण्डा ।

— जातकतत्वम् 13/27

जिस स्त्री की जन्म कुंडली में सप्तम भाव में मंगल पापग्रह से युत हो तथा पापग्रह उसे देखते हों अथवा अष्टम स्थान का स्वामी सप्तम भाव में हो तथा सप्तम भाव व सप्तमेश को पापग्रह देखते हों तो यह योग बनता है ।

परिणाम — ऐसी नवपरिणिता स्त्री भी शीघ्र ही बालविधवा हो जाती है अर्थात्

उसका पति विवाह करने के कुछ समय पश्चात् ही मृत्यु को प्राप्त हो जाता है ।

उपाय — देवसंयोग से यदि किसी जातक का विवाह ऐसी कन्या से हो गया हो तो, उसे तत्काल विद्वान दैवज्ञ से परामर्श लेकर 'घटविवाह' की व्यवस्था एवं मंगल ग्रह और उचित हो तो सप्तमेश की शांति का विधान करना चाहिए ।

दुःखी दांपत्य योग

(221)

निष्पत्ति — लग्नेश व सप्तमेश में परस्पर शत्रुता हो, सप्तमेश 5 अंशों से नीचे हो, अस्त हो तो यह योग बनता है ।

परिणाम — ऐस जातक का वैवाहिक जीवन कलहपूर्ण होता है तथा दांपत्य जीवन दुःखमय होता है ।

उपाय— 1. अशुभ ग्रहों की हवनात्मक शांति करें ।

2. सप्तमेश का रत्न पंहनें ।

(222)

निष्पत्ति — कर्क रवि कर्क सिंह लग्न में सातवें भाव में सूर्य या शनि हो और लग्नेश कमजोर हो तो यह योग बनता है ।

परिणाम — ऐसे जातक का दांपत्य जीवन दुःखमय होता है तथा बात-बात पर पति-पत्नी में झगड़ा रहता है, घर में कलह का वातावरण रहता है ।

उपाय— 1. अशुभ ग्रहों की हवनात्मक शांति करें ।

2. सप्तमेश का रत्न पहनें ।

(223)

निष्पत्ति — सप्तमेश दुःस्थान में हो तो तथा सप्तम भाव पर एक से अधिक पापग्रहों का प्रभाव हो तो यह योग बनता है ।

परिणाम — ऐसे जातक का वैवाहिक जीवन कलहपूर्ण होता है तथा दांपत्य जीवन दुःखमय रहता है ।

उदाहरण — श्रीमती ईश्वरी कलकानी
जन्म 26-1-1965
समय 9-15 प्रातः ; जन्म स्थान—जोधपुर

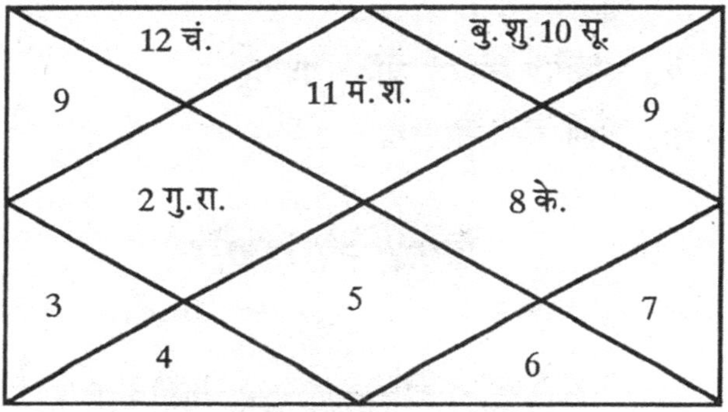

विश्लेषण — सप्तमेश सूर्य बारहवें तथा सप्तम भाव पर मंगल शनि की पूर्ण दृष्टि होने से इस महिला का दांपत्य जीवन घोर कष्टपूर्ण है ।

अवज्ञा स्त्री योग

(224)

निष्पत्ति— **दारेशे सुखभावस्ते, जाया नास्य वशे सदा ।**
स्वयं मत्यप्रियो धीमान्, धर्मात्मा दन्तरोग युक् ॥

अथवा

(225)

दारेशे कर्मभावस्थे, नास्य जाया वशानुगा ।
स्वयं धर्मरतो नित्य, धन पुत्रारिसंयुतः ॥

— बृहत्पाराशर होराशास्त्र 24/82

परिणाम — सप्तमेश चतुर्थ में हो तो जातक की पत्नी जातक के वश में नहीं रहती । जातक की आज्ञा नहीं मानती । जातक स्वयं धर्मात्मा, सत्यप्रिय किंतु दंतरोगी होता है ।

इसी प्रकार सप्तमेश यदि दसम भाव में हो तो भी जातक की स्त्री जातक की आज्ञा नहीं मानती, उसके वश में नहीं रहती । जातक स्वयं

धर्मात्मा एवं संतान सुख से युत होता है।

उपाय— **1.** ऐसा योग दांपत्य जीवन में निराशा एवं दु:ख की सृष्टि करता है। इससे बचने के लिए पति-पत्नी दोनों घर में नित्य सुंदर-कांड का पाठ करें।

2. सप्तमेश का रत्न जड़ित यंत्र पहनें।

3. वाणी पर संयम रखें।

भार्या त्याग योग

(226)

निष्पत्ति — **लग्ने राह्वर्कजौ लोकपवादात् भार्यात्यागः।**

—जातकतत्त्वम् 7/158

जिस स्त्री की जन्मकुंडली के सातवें भाव में एक पापग्रह बलहीन होकर स्थित हो उसे कोई शुभ ग्रह न देखता हो अथवा लग्न में राहु या शनि हो तो यह योग बनता है।

परिणाम — ऐसे स्त्री का पति लोकापवाद व बदनामी से घबराकर अपनी पत्नी का त्याग कर देता है।

उपाय— **1.** पापग्रह की हवनात्मक शांति कराएं।

2. उपाय संख्या 8 या 9 करें।

कुलटा योग

(227)

निष्पत्ति— **लग्नेशेन्द्रो पापन्तरगौ सौम्यादृष्टौ कुलद्वयघ्नी।**
रन्ध्रे राहौ कुलधर्मघ्नी, कुजाष्टमे कुलटा॥

जिस स्त्री की कुंडली में लग्न व चंद्रमा दोनों ही पापग्रहों के मध्य हों अर्थात् द्वितीय व द्वादश स्थानों में पापग्रह हो एवं शुभ ग्रह की लग्न कमजोर हो तो यह योग बनता है।

परिणाम — ऐसी स्त्री कुलटा होती है तथा पितृकुल व पतिकुल दोनों कुलों का नाश कर देती है।

सावधानी— 1. विवाह मेलापक के समय ऐसी कुंडलियों का विशेष ध्यान रखें।

2. यदि विवाह हो जाए तो कर्मकांडी ज्योतिषी से संपर्क करें।

पिशाचपीड़ा योग

(228)

निष्पत्ति— **मन्दाराहु केत्वन्यतमें दारे स्त्रीशरीरे पिशाचपीडा।**

— जातकतत्वम् 7/159

शनि, राहु, केतु या मंगल में से कोई भी एक ग्रह सप्तम स्थान में हो तो यह योग बनता है।

परिणाम — ऐसी स्त्री को भूत-प्रेत-पिशाच एवं अतिमानुषिक बाधाएं होती हैं। दूसरे अर्थों में इन चार पापग्रहों का प्रभाव सप्तम भाव में हो तो ऐसी स्त्री को ऊपरी हवा भूत-प्रेत की अपर शीघ्र लगने का भय रहता है।

उपाय—

1. ऐसी स्त्री को गर्भावस्था में रात्रि भ्रमण नहीं करना चाहिए।
2. खाने-पीने की वस्तु साथ लेकर रात्रि में अकेले कहीं नहीं जाना चाहिए।
3. निर्जन स्थान श्मशान, पुरानी हवेली, पीपल या खेजड़ी की छाया में नहीं बैठना चाहिए। या ऐसे स्थान में कभी नहीं जाना चाहिए जहां भूत-प्रेत इत्यादि के बारे में अफवाह या चर्चा हो।
4. भूत-प्रेत संबंधी कथाएं या डरावनी फिल्में नहीं देखनी चाहिए।
5. ऊपरी हवा से बचने के लिए गले में रक्षा कवच धारण करना चाहिए।
6. स्नान करके नित्य पूजन करने की परिपाटी डालनी चाहिए। यदि पढ़ी-लिखी महिला हो तो बह्म कवच अन्यथा हनुमान चालीसा का नित्य पाठ करना चाहिए।

प्रेतबाधा योग

(229)

निष्पत्ति — जब लग्न में चंद्रमा के साथ राहु हो और त्रिकोण (1/5/9) में क्रूर ग्रह

हो तो यह योग बनता है ।

परिणाम — ऐसे जातक पर भूत-प्रेत-पिशाच एवं गंदी आत्माओं का प्रकोप (आवेश) शीघ्र होता है ।

उपाए—

1. ऐसी स्त्री को गर्भावस्था में रात्रि भ्रमण नहीं करना चाहिए ।
2. खाने-पीने की वस्तु साथ लेकर रात्रि में अकेले कहीं नहीं जाना चाहिए ।
3. निर्जन स्थान श्मशान, पुरानी हवेली, पीपल या खेजड़ी की छाया में नहीं बैठना चाहिए । या ऐसे स्थान में कभी नहीं जाना चाहिए जहां भूत-प्रेत इत्यादि के बारे में अफवाह या चर्चा हो ।
4. भूत-प्रेत संबंधी कथाएं या डरावनी फिल्में नहीं देखनी चाहिएं ।
5. ऊपरीहवा से बचने के लिए गले में रक्षा कवच धारण करना चाहिए ।
6. स्नान करके नित्य पूजन करने की परिपाटी डालनी चाहिए । यदि पढ़ी-लिखी महिला हो तो ब्रह्म कवच अन्यथा हनुमान चालीसा का नित्य पाठ करना चाहिए ।

बहुपुरुष गामिनी योग

(230)

निष्पत्ति — विषम राशि का लग्न हो, सूर्य + बृहस्पति लग्न में हो, शनि मध्य बली हो, शुक्र एवं बुध बलहीन हो तो यह योग बनता है ।

परिणाम — ऐसी स्त्री बहु-पुरुष गामिनी होती है । उसे नित नई ड्रेस एवं नित नया पुरुष चाहिए ।

(231)

निष्पत्ति — मेष, वृश्चिक, मकर या कुंभ लग्न हो, लग्न में चंद्र + शुक्र हो, उन पर पापग्रह की दृष्टि हो अथवा सातवें स्थान में चंद्रमा की युति हो, चंद्रमा हीन हो तो यह योग बनता है ।

परिणाम — ऐसी स्त्री बहु-पुरुष गामिनी होती है । वह अपने पति एवं माता- पिता की आज्ञा से परपुरुष गमन करती है ।

नपुंसक योग (स्त्री जातक)

(232)

निष्पत्ति — **ज्ञार्कजावस्ते भर्ता क्लीब: ।** —*जातकतत्वम् 13/16*

जिस स्त्री की कुंडली में बुध+ शनि दोनों सप्तम भाव में स्थित हों, एवं चंद्रमा विषम राशि में हो तो यह योग बनता है ।

परिणाम — ऐसा व्यक्ति नपुंसक होता है अर्थात् उसमें संतानोत्पादन की शक्ति नहीं होती है ।

विशेष — दांपत्य जीवन को नरकमय बनाने में इस योग का सबसे बड़ा योगदान होता है । अत: कुंडली मिलाते समय सावधानी रखनी चाहिए । शास्त्रकार कहते हैं ऐसी कुंडली में लग्न में चर राशि हो तो ऐसी स्त्री का पति परदेश (प्रवास) पर रहने वाला होता है ।

जारज पुत्र योग

(233)

निष्पत्ति — यदि पंचमेश और सप्तमेश बली हो और षष्ठेश से युक्त होकर शुभग्रहों में दृष्ट हो तो यह योग बनता है ।

परिणाम — ऐसे व्यक्ति में प्रजनन शक्ति का अभाव होगा किंतु उसकी पत्नी को अन्य पुरुष से संतान होगी ।

विशेष — इस योग का सप्तम भाव से संबंध होने से इसका यहां उल्लेख करना जरूरी था । यह एक महत्त्वपूर्ण योग है जिससे यह सुनिश्चित होता है कि क्या संतान उसी व्यक्ति के बीज का उत्पादन है । प्राय: इस मामले में पति-पत्नी दोनों दोषी होते हैं क्योंकि दोनों ही अपनी इच्छापूर्ति का गलत मार्ग अपनाते हैं ऐसे दम्पत्ति की संतानों का नैतिक स्तर ऊंचा नहीं होता । पर यह देखने में आया है कि वर्ण शंकर संतानें बुद्धिबल में तेज होती हैं, भले ही उनके सोचने का स्तर निम्न हो ।

स्त्री नपुंसक योग

(234)

निष्पत्ति — सप्तमेश और षष्ठेश की युति से यह योग बनता है ।

परिणाम — ऐसे जातक की पत्नी नपुंसक (मंदकामी) होती है ।

विशेष — पुरुषार्थ में कमी या यौन संबंधी गुप्त बीमारियों से पुरुष का नपुंसक होना आम बात है पर स्त्री के नपुंसक योग को सुनकर प्रबुद्ध पाठकों को कुछ विचित्रता लगती होगी । पर यह सही है कि पुरुषों की तरह कुछ स्त्रियां भी नपुंसक होती हैं । नपुंसक स्त्रियों के स्तनों का सही विकास नहीं होता तथा ऐसी स्त्रियां कामक्रीड़ा, पुरुष सहवास में रुचि नहीं लेतीं अथवा सहवास के समय काम क्रीड़ा अत्यल्प रुचि (मजबूरी में) लेती हैं तथा पुरुष को तृप्त नहीं करतीं । ऐसी स्त्री का स्वामी वास्तव में दुर्भाग्यशाली ही माना जाएगा ।

पति त्यक्ता योग (स्त्री जातक)

(235)

निष्पत्ति — जिस स्त्री के सातवें घर में राहु व शनि के साथ चंद्रमा बलहीन हो, शुभग्रह उसे न देखते हों तो यह योग बनता है ।

परिणाम — ऐसी स्त्री अपने पति को छोड़कर दूसरे पति का वरण करती है ।

उपाय—

1. विवाह मेलापक के समय ऐसी कुंडलियों को त्याज्य करें । विज्ञ ज्योतिषि को केवल गुणमेलापक या मंगल मिलान तक ही अपनी दृष्टि को सीमित नहीं रखना चाहिए ।
2. यदि दैवसंयोग से ऐसी स्त्री के साथ जातक का विवाह हो जाए तो उसे तुरंत विद्वान कर्मकांडी से संपर्क करना चाहिए । ऐसा कर्मकांडी ज्योतिष का भी धुरंधर ज्ञाता होना चाहिए एवं ब्राह्मण होना चाहिए । ब्राह्मण के सिवाए किसी पुरुष के पास इतनी शक्ति नहीं होती कि वह दूसरों के कष्ट-पीड़ा का निवारण कर सके । ब्राह्मणों में भी श्रीविद्या के उपासक श्रीशाली ब्राह्मण सबसे श्रेष्ठ होते हैं ।

विष कन्या योग

(236)

निष्पत्ति— **चौथ चंतुर्दशी षष्ठी जाण, वार शनि के मंगल भाण।**
ज्येष्ठा मूल श्रवण सही, आ पुत्री विषकन्या थई।
आप मरे के कुटुंब संहारे, नाम देवतो ब्राह्मण मारे।
इम करतो विषकन्या मोटि थाय, चंवरीमाए वर ने खाए॥
देव संजोगे परणी जाए, ब्रह्मा विष्णु जोवण आए॥

—जनश्रुति

अर्थात् 4,6,14 में से कोई भी तिथि शनि या मंगलवार को हो तो इन एवं ज्येष्ठा, मूल व श्रवण नक्षत्र में से कोई नक्षत्र हो तो इन तीनों के सम्मिश्रण से यह योग बनता है।

परिणाम — प्रथम तो इस योग में जन्मी कन्या जीवित नहीं रहती। वह पैदा होते ही मर जाती है या फिर कुल कुटुंब को नष्ट करती है। नामकरण संस्कार पर यह नाम देने वाले ब्राह्मण को मार डालती है फिर भी बड़ी हो जाए तो विवाह समय (फेरे देते वक्त) वर को मार डालती है। फिर भी बड़ी हो जाए तो ब्रह्मा, विष्णु एवं महेश तीनों देव उसे देखने आते हैं अर्थात् विवाह करले तो विवाह काल में वह स्त्री पति के लिए घातक होती है। इसमें कोई संदेह नहीं है।

उपाय—

1. विषकन्या दोष की निवृत्ति हेतु सावित्री का व्रत नियमित करें।
2. ऐसी कन्या का विवाह करने के पूर्व उसे पीपलवृक्ष, शालिग्राम या विष्णुमूर्ति के साथ विवाह करने के बाद ही दीर्घजीवी वर को कन्या दान करें।
3. शास्त्रोक्त विधि से घट विवाह करावें।
4. उपाय संख्या 20 करें।

(237)

निष्पत्ति — द्वितीया तिथि, आश्लेषा नक्षत्र व शनिवार हो अथवा सप्तमी तिथि, विशाखार नक्षत्र, मंगलवार हो अथवा द्वादशी तिथि शतमिषा नक्षत्र, रविवार हो तो यह योग बनता है।

परिणाम — विष कन्या योग में उत्पन्न लड़की शोक पीड़ित, धन रहित, पुत्र-पति

सुखहीन, दु:खी स्त्री होती है।

उपाय— **1.** विषकन्या दोष की निवृत्ति हेतु सावित्री का व्रत नियमित करें।

2. ऐसी कन्या का विवाह करने के पूर्व उसे पीपलवृक्ष, शालिग्राम या विष्णुमूर्ति के साथ विवाह करने के बाद ही दीर्घजीवी वर को कन्या दान करें।

3. शास्त्रोक्त विधि से घट विवाह करावें।

4. उपाय संख्या 20 करें।

(238)

निष्पत्ति — सूर्य पंचम में, शनि लग्न में और नवम में मंगल हो किसी पापग्रह का षष्ठ स्थान पर प्रभाव हो तो यह योग बनता है।

परिणाम — विषकन्या योग में उत्पन्न लड़की शोक पीड़ित, धन रहित, पुत्र-पति सुखहीन, दु:खी स्त्री होती है।

उपाए— **1.** विषकन्या दोष की निवृत्ति हेतु सावित्री का व्रत नियमित करें।

2. ऐसी कन्या का विवाह करने के पूर्व उसे पीपलवृक्ष, शालिग्राम या विष्णुमूर्ति के साथ विवाह करने के बाद ही दीर्घजीवी वर को कन्या दान करें।

3. शास्त्रोक्त विधि से घट विवाह करावें।

4. उपाय संख्या 20 करें।

रखैल योग (पुरुष जातक)

(239)

निष्पत्ति — सातवें भाव का स्वामी बारहवें एवं बारहवें भाव का स्वामी सातवें परस्पर परिवर्तन करके बैठे हों तो यह योग बनता है।

परिणाम — संभवत: ऐसा जातक अंतर्जातीय विवाह करता है, उसका दांपत्य जीवन कलहकारी होता है, उसका किसी अन्य की स्त्री से पत्नी (रखैल) जैसा संबंध होता है।

अतिकामी योग (पुरुष जातक)

(240)

निष्पत्ति — मंगल सातवें हो एवं शुभग्रहों से दृष्ट न हो तो यह योग बनता है।

परिणाम — ऐसा जातक अतिकामी होता है तथा हर समय संभोग में रुचि बनी रहती है।

उपाए—
1. मंगल की शांति का उपाय करें।
2. तामस वस्तुओं का कम सेवन करें।
3. सत्पुरुषों की सोहबत करें एवं सत्साहित्य पढ़ें।
4. लग्नेश रत्नजड़ित यंत्र धारण करें।

स्त्री प्रव्रज्या योग

(241)

निष्पत्ति — **क्रूरेऽस्ते धर्मगप्रव्रज्या।**
ज्ञारेज्याच्छाषलिनः स्त्रीलग्नजा ख्याता ब्रह्महित्।

— *जातकतत्वम् 13/50*

जिस स्त्री की कुंडली में सप्तम भाव में क्रूर ग्रह हो और नवम में शुभग्रह हो और बुध, मंगल, बृहस्पति व शुक्र बलवान हो या समराशि में हो तो यह योग बनता है।

परिणाम — ऐसी स्त्री बलवान ग्रह के गुण व शील के अनुसार संन्यास ले लेती है। वह परम विदुषी, विख्यात एवं ब्रह्मलीन अवस्था को प्राप्त कर जाती है।

पुनर्विवाह योग (स्त्री जातक)

(242)

निष्पत्ति — **मिश्राः सप्तमे पुनर्भूः।**

अथवा

(243)

वक्राच्छावन्योन्यांहागा वन्यासक्ता। — *जातकतत्वम् 13/21*

यदि स्त्री की कुंडली में सप्तम भाव में शुभ व अशुभग्रह मिश्रित हो और मंगल व शुक्र एक दूसरे के नवांश में स्थित हों तो यह योग बनता है।

परिणाम — ऐसी स्त्री एक पति के मरने पर या त्याग देने पर दूसरा विवाह करती है तथा उस विवाह को सामाजिक मान्यता भी मिलती है।

द्विपति योग (पुनर्विवाह)

(244)

निष्पत्ति — लग्न में मंगल हो, बुध सातवें एवं सप्तमेश होकर शुक्र आठवें हो तो यह योग होता है।

परिणाम — ऐसी स्त्री में निर्णय शक्ति कम होती है तथा एक पति को त्याग कर दूसरा पति करती है।

उदाहरण — **श्रीमती निर्मला**

जन्म तारीख — 11-10-1973

जन्म समय — 19-10, स्थान—मारवाड़ जंक्शन

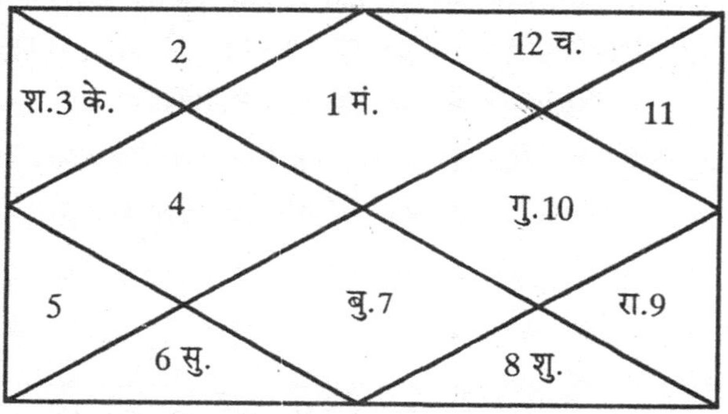

विश्लेषण — लग्न में जब मंगल बैठकर सप्तम व अष्टम भाव को प्रभावित करता है तो ऐसी कन्या प्रेम विवाह करती है। फलतः इस कन्या ने 31-11-1993 को पाली में सिटी मजिस्ट्रेट के सामने कोर्ट मेरिज की। यह विवाह अंतर्जातीय था अतः परिवार में विवाद उत्पन्न

हुआ। पिता व समाज के दबाव में आकर लड़की ने बयान पलटे। सन् 1994 के पूर्वार्द्ध में ही दूसरा विवाह कर लिया। वैसे इस कन्या का बचपन में ही (दस वर्ष) की आयु में ही किसी चौधरी परिवार से विवाह तय हुआ था। पर मुकालवे (गोने) के समय इसने कठोर निर्णय लेकर प्रेम विवाह कर लिया। इस दृष्टि से यह इसका तीसरा विवाह भी कहा जा सकता है। इस संदर्भ में मेष लग्न सूत्र 23 दृष्टव्य है।

दांपत्य सुख योग

(245)

निष्पत्ति— **वक्राग्रहर्क्षे शुक्रे कामिन्यारतेऽतोषकृत् ॥** — *जातकतत्वम् 7/162*

परिणाम — ऐसे जातक का जीवन साथी रतिक्रीड़ा में अपने साथी को पूर्ण शारीरिक सुख देता है। इनका दांपत्य जीवन सुखी एवं प्रसन्न होता है।

(246)

निष्पत्ति — **लग्नेशः सव स्वर्क्षगं मस्थं शुक्रं पश्यति चेत् कामिनीतोषकृत् ॥**

— *जातकतत्वम् 7/163*

लग्नेश यदि सप्तम स्थान में स्थित शुक्र को देखता हो तथा शुक्र अपनी राशि में स्थित हो तो यह योग बनता है।

परिणाम — ऐसे जातक का जीवन साथी रतिक्रीड़ा में अपने साथी को पूर्ण शारीरिक सुख देता है। इनका दांपत्य जीवन सुखी एवं प्रसन्न होता है।

(247)

निष्पत्ति— **भौमात्खे सुखे वा मन्दचन्द्रौ कामिनी तोषकृत् ॥**

— *जातकतत्वम् 7/164*

मंगल से दशम स्थान में या व चतुर्थ स्थान में शनि और चंद्रमा हो तो यह योग बनता है।

परिणाम — ऐसे जातक का जीवन साथी रतिक्रीड़ा में अपने साथी को पूर्ण

शारीरिक सुख देता है। इनका दांपत्य जीवन सुखी एवं प्रसन्न होता है।

पतिवल्लभा योग

(248)

निष्पत्ति — **लग्नेशुक्रेन्दु प्रात्सर्यवती सुखी।** — *जातकतत्वम् 13/45*

स्त्री की कुंडली में यदि शुक्र व चंद्रमा लग्न में हो और सप्तम स्थान में कोई शुभग्रह हो तो यह योग बनता है।

परिणाम — ऐसी स्त्री का स्वभाव कुछ ईर्ष्यालु होता है पर उसका दांपत्य जीवन सुखी होता है। वह पति की प्यारी, श्रेष्ठ एवं रानी तुल्य सम्मान पाती है।

सुखी गृहस्थ योग

(249)

निष्पत्ति — सप्तमेश बली हो, चतुर्थ स्थान पर शुक्र हो एवं सप्तम भाव पर गुरु की दृष्टि हो तो यह योग बानता है।

परिणाम — ऐसे स्त्री पुरुष का दांपत्य जीवन पूर्ण सूखी होता है। जीवन में पति-पत्नी की खूब निभती है एवं सभी प्रकार की ऐश्वर्यशाली वस्तुओं का उपभोग उन्हें सहज में ही मिल जाता है।

पति वल्लभायोग

(250)

निष्पत्ति — कारकांश लग्न में बुध तथा सातवें गुरु+ चंद्र हो तो यह योग बनता है।

परिणाम — ऐसे स्त्री-पुरुष का दांपत्य जीवन पूर्ण सुखी होता है। जीवन में पति-पत्नी के खूब निभती है एवं सभी प्रकार की ऐश्वर्यशाली वस्तुओं का उपभोग उन्हें सहज में ही मिल जाता है। ऐसी स्त्री अपने पति की अत्यंत प्यारी होती है।

(251)

निष्पत्ति — शुक्र उच्च का या स्वगृही हो एवं सप्तम हो एवं भाव शुक्र ग्रहों में दृष्ट हो तो यह योग बनता है।

परिणाम — ऐसे स्त्री-पुरुष का दांपत्य जीवन पूर्ण सुखी होता है। जीवन में पति-पत्नी के खूब निभती है एवं सभी प्रकार की ऐश्वर्यशाली वस्तुओं का उपभोग उन्हें सहज ही मिल जाता है। ऐसी स्त्री अपने पति की अत्यंत प्यारी होती है।

विवाहोपरांत भाग्योदय

(252)

निष्पत्ति — **लग्नाच्चान्द्राद्वा द्यूनं शुभेन स्वपतिना वा युतं दृष्टं कलत्र सम्पत्॥**

— *जातकतत्वम् 7/161*

लग्न या चंद्रमा से सप्तम स्थान को शुभग्रह या सप्तमेश देखता हो या वहां पर स्थित हो तो यह योग बनता है।

परिणाम — ऐसे जातक को विवाह उपरांत अपने जीवन साथी से धन संपत्ति मिलती है तथा इनका भाग्योदय भी विवाह के पश्चात् ही होता देखा गया है।

कलत्र मूल धन योग

(253)

निष्पत्ति— **जायेशतत्कारकयुतेदृष्टे येंशे बलिनि भार्यातो धनाप्तिः॥**

बलवान द्वितीयेश से यदि सप्तमेश या सप्तम स्थान का कारक युति या दृष्ट-संबंध रखता हो तो यह योग बनता है।

परिणाम — ऐसे जातक को विवाह उपरांत अपने जीवन साथी से धन संपत्ति मिलती है तथा इनका भाग्योदय भी विवाह के पश्चात् ही होता देखा गया है।

उदाहरण — **सुमनेश चतुर्वेदी**

जन्म — 4-9-1949

समय प्रातः — 5-00; जन्म — पाली (राज०)

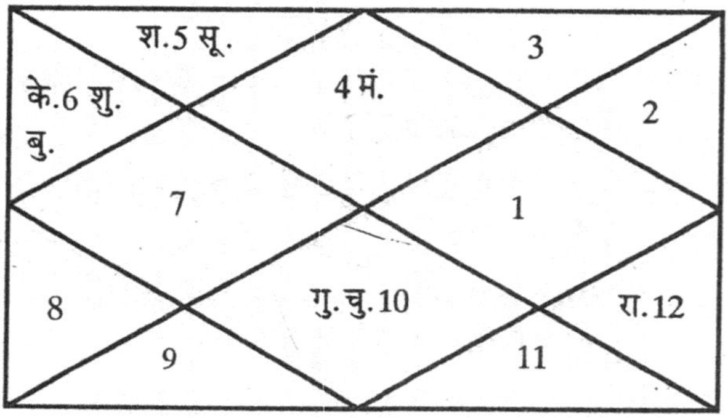

विश्लेषण — इस कुंडली बलवान धनेश ने सप्तमेश से युति की है। फलत: उस जातक को ससुराल से काफी रुपया एवं स्थाई संपत्ति मिली है। जातक ससुराल की संपत्ति का एकमात्र वारिस है।

विशेष — इस योग के साथ शुक्र एवं लग्नाधिपति बली हो तो ससुराल से धनप्राप्ति की ताकत और भी बढ़ जाती है। ऐसे जातक की पत्नी भी नौकरी द्वारा कमा कर देती है। इस संबंध में कर्क लग्न का बिंदु 28 दृष्टव्य है।

विवाहोपरांत राजयोग
(स्त्री जातक)

(254)

निष्पत्ति— **एकोऽयि जीवो रसवर्ग शुद्धः, केन्द्रे यदा चन्द्र निरीक्षितश्च।**
राज्ञी भवेत्सा सधना सुपुत्रा रूपान्विता पूर्ण नितंबबिंबा॥

—बृहद्योग रत्नाकर/पृ 323

अकेला गुरु षड्वर्ग में शुद्ध होकर केंद्र में हो, चंद्रमा से दृष्ट हो तो यह योग बनता है।

परिणाम — ऐसी स्त्री रानी के समान धनवान, पुत्रवती एवं भाग्यवान होती है। इसके विवाह करने के पश्चात् उसका पति का भी राजयोग बलवान होता है अर्थात् पति दिन दूनी एवं रात चौगुनी तरक्की को पाता है।

विवाहोपरांत राजयोग

(255)

निष्पत्ति — लाभस्थान में चंद्रमा सप्तम में मीनराशि गत शुक्र एवं बुध गुरु से दृष्ट हो तो यह योग बनता है ।

परिणाम — ऐसी स्त्री रानी के समान धनवान, पुत्रवती एवं भाग्यवान होती है । इसके विवाह करने के पश्चात् उसका पति का भी राजयोग बलवान होता है अर्थात् पति दिन दुनी एवं रात चौगुनी तरक्की को पाता है ।

(256)

निष्पत्ति — लग्न में गुरु सप्तम में चंद्रमा और दशम में शुक्र स्वग्रहों में हो तो यह योग बनता है ।

परिणाम — ऐसी स्त्री रानी के समान धनवान, पुत्रवती एवं भाग्यवान होती है । इसके विवाह करने के पश्चात् उसका पति का राजयोग बलवान होता है अर्थात् पति दिन दूनी एवं रात चौगुनी तरक्की को पाता है ।

विशेष — यह योग केवल सिंह या मकर लग्न में ही बनता है । ऐसी स्त्री न्यून जाति या निम्न कुल में पैदा होती है फिर भी पति के माध्यम से राजयोग की प्राप्ति करती है ।

(257)

निष्पत्ति — मेष लग्न में शुक्र, तृतीय में बुध एवं चतुर्थ में गुरु हो तो यह योग बनता है ।

परिणाम — ऐसी स्त्री रानी के समान धनवान, पुत्रवती एवं भाग्यवान होती है । इसके विवाह करने के पश्चात् उसका पति का राजयोग बलवान होता है अर्थात् पति दिन दूनी एवं रात चौगुनी तरक्की करता है ।

(258)

निष्पत्ति — स्थिर राशि का लग्न हो, लग्न में गुरु, लाभ स्थान में शनि, तीसरे या छठे मंगल हो तो यह योग बनता है ।

परिणाम — ऐसी स्त्री रानी के समान धनवान, पुत्रवती एवं भाग्यवान होती है ।

इसके विवाह करने के पश्चात उसका पति का राजयोग बलवान होता है अर्थात पति दिन दूनी एवं रात चौगुनी तरक्की करता है ।

(259)

निष्पत्ति — सप्तम स्थान में शुक्र और दो शुभ ग्रहों को, लाभ लग्न शुभ ग्रह में दृष्ट हो तो यह योग बनता है ।

परिणाम — ऐसी स्त्री रानी के समान धनवान, पुत्रवती एवं भाग्यवान होती है । इसके विवाह करने के पश्चात् उसका पति का राजयोग बलवान होता है अर्थात् पति दिन दूनी एवं रात चौगुनी तरक्की करता है ।

(260)

निष्पत्ति — कुंभ लग्न हो, उच्च का चंद्रमा चौथे स्थान पर गुरु से दृष्ट हो तथा सप्तमेश सूर्य लाभ स्थान में हो तो यह योग बनता है ।

परिणाम — ऐसी स्त्री रानी के समान धनवान, पुत्रवती एवं भाग्यवान होती है । इसके विवाह करने के पश्चात् उसका पति का राजयोग बलवान होता है अर्थात् पति दिन दुनी एवं रात चौगुनी तरक्की करता है ।

(261)

निष्पत्ति — स्वराशि का बुध चतुर्थ स्थान में हो, षड्वर्ग शुद्ध गुरु केंद्र में शुक्र से दृष्ट हो तो यह योग बनता है ।

परिणाम — ऐसी स्त्री रानी के समान धनवान, पुत्रवती एवं भाग्यवान होती है । इसके विवाह करने के पश्चात उसका पति का राजयोग बलवान होता है अर्थात पति दिन दूनी एवं रात चौगुनी तरक्की करता है ।

विशेष — यह योग केवल मीन या मिथुन लग्न में ही बनेगा ।

(262)

निष्पत्ति — कन्या लग्न में बुध हो, शुक्र द्वितीय, दशम में चंद्रमा एवं एकादश में गुरु हो तो यह योग बनता है ।

परिणाम — ऐसी स्त्री रानी के समान धनवान, पुत्रवती एवं भाग्यवान होती है । इसके विवाह करने के पश्चात् उसका पति का राजयोग बलवान होता है अर्थात् पति दिन दूनी एवं रात चौगुनी तरक्की करता है ।

स्त्री-जातक पर विशेष चिंतन

शास्त्रकारों ने स्त्री जातक की कुंडली में लग्न से सातवां घर प्रेम प्रसंग, गुप्तांग, रतिक्रीड़ा, दाम्पत्य सुख एवं ससुराल का माना है तो लग्न से आठवां घर पति सौभाग्य व वैधव्य का माना है। केवल आठवें घर से स्त्री के पति सुख को लेकर "भावकुतूहल" में एक बहुत ही रोचक श्लोक मिलता है जिसका फलादेश भी काफी सटीक एवं अनेक अर्थों में सही बैठता है। वह श्लोक इस प्रकार है—

यदाष्टमे देवगुरु भृगु वा,
विनिष्ट गर्भा मृतपुत्र को वा।
कुजाष्टमे कुटिला मृगांक्षी,
चन्द्राष्टमें स्वामी सुखेन हीना ॥
मन्दाष्टमे रोग पतिस्व भार्या,
दिनाधिपे परिताप तप्ता।
अनंग रंगा पर पुरुष संगा,
मृतावस्थेषु कुल धर्मभंगा ॥

(1) जिस स्त्री की कुंडली में देवगुरु बृहस्पति आठवें हो तो उसका पहला गर्भ नष्ट हो जाता है। यदि शुक्र आठवें हो तो पहली संतान मृतावस्था में प्राप्त होती है। मंगल यदि आठवें हो तो ऐसी स्त्री सुंदर नेत्रों वाली परंतु स्वभाव की कुटिल

होती है। चंद्रमा आठवें होने से स्त्री का पति सुख अत्यल्प होता है। शनि यदि आठवें हो तो ऐसी स्त्री का पति रोगी होता है। सूर्य आठवें होने पर स्त्री तेज स्वभाव की होती है तथा नित नए वस्त्र अलंकार पहन कर, नित नूतन पुरुष से संसर्ग करना चाहती है। ऐसी स्त्री मृतावस्था को प्राप्त होते-होते कुल की सभी मर्यादा को नष्ट कर, पति व पिता दोनों के कुल को कलंकित कर देती है।

(2) जातकतत्व के अनुसार स्त्री की कुंडली में लग्न व चंद्रमा दोनों यदि सम राशि (2/4/6/8/10/12) में हों तो स्त्री कोमल व मृदु स्वभाव की होती है। यदि लग्न एवं चंद्रमा विषम राशि (1/3/5/7/9/11) में हों तो स्त्री पुरुष की तरह कठोर स्वभाव वाली व साहसिक प्रकृति की होती है।

(3) इसी प्रकार लग्न व चंद्रमा को यदि शुभग्रह देखते हों तो स्त्री अच्छे चरित्र गुण व रूप से विभूषित होगी। लग्न व चंद्रमा पापग्रहों से युत या दृष्ट हो तो स्त्री पापाचरण करने वाली, चालाक व धूर्त होगी।

(4) जिस स्त्री की कुंडली में बलवान राजयोग बन रहे हों परंतु उसके स्वतंत्र जीवन में ऐसे राजयोग घटित होने की कोई संभावना न हो तो ये राजयोग निश्चय ही पति के संबंध में समझने चाहिएं।

(5) स्त्रियों के पति के गुणों व अवगुणों व सौभाग्य का विचार सप्तम स्थान से एवं पति की मृत्यु का विचार वैधव्य चिंतन अष्टम स्थान से करना चाहिए।

(6) वैसे तो पंचम भाव संतान का है पर स्त्री की कुंडली में संतान सुख एवं आर्थिक पक्ष की सबलता हेतु नवम भाव पर विचार करना चाहिए।

(7) स्त्री की कुंडली में सप्तम भाव में यदि कोई ग्रह न हो, सप्तम स्थान बल रहित हो, उसे शुभग्रह न देखते हों तो स्त्री का पति अच्छा नहीं होता।

(8) जिस स्त्री की कुंडली में बुध व शनि दोनों सप्तम भाव में हों तो उसका पति नपुंसक होता है।

(9) जिस स्त्री की कुंडली के सप्तम भाव के घर में (1/3/7/10) राशि हो तो उसका पति निरंतर प्रवास में रहता है।

(10) निर्बल पापग्रह सप्तम में हो और शुभ ग्रह उसे देखते हों तो ऐसी स्त्री को पति त्याग देता है।

(11) एक बात सदैव स्मरण रखनी चाहिए कि सूर्य, शनि, राहु और केतु पृथक्तावादी ग्रह हैं जिस स्त्री की कुंडली में सप्तम भाव पर सूर्य, शनि, राहु या केतु में से किसी भी दो ग्रह का प्रभाव हो तो वह पति सुख से हीन होती है।

(12) स्त्री की कुंडली के सप्तम भाव पर शुभ व अशुभ ग्रहों का मिश्रित प्रभाव हो तो वह पुनः विवाह करती है।

(13) मंगल व शुक्र दोनों एक-दूसरे के नवमांश में स्थित हों तो ऐसी स्त्री परपुरुष में आसक्त रहती है ।

(14) चंद्रमा, मंगल एवं शुक्र से तीनों ग्रह सप्तम में हों तो ऐसी स्त्री अपने पति की इच्छा से परपुरुष में आसक्त होती है ।

(15) सूर्य व चंद्रमा यदि सप्तम में हो तो ऐसी स्त्री अपने पति की इच्छा से परपुरुष में आसक्त होती है ।

(16) जिस स्त्री की कुंडली में लग्न या चंद्रमा से सप्तम या अष्टम स्थान में पापग्रह हों तो वह अवश्य विधवा होती है ।

(17) अष्टम स्थान का स्वामी सप्तम स्थान में हो और सप्तमेश को पापग्रह देखते हों तो नवविवाहिता भी विधवा हो जाती है ।

(18) षष्ठ व अष्टम स्थान के स्वामी यदि छठे, आठवें या बारहवें भाव में पापग्रहों के साथ हों तो ऐसी स्त्री विवाह के बाद तुरंत विधवा हो जाती है ।

(19) बुध व शुक्र यदि स्त्री की कुंडली के लग्न स्थान में स्थित हों तो वह दर्शनीय रूपवाली, पति की प्रियतमा व कलानिपुण होती है ।

(20) यदि स्त्री की कुंडली के सप्तम स्थान में क्रूर ग्रह हो और नवम में शुभग्रह हो तो नवमगत ग्रह के शील के अनुसार स्त्री संन्यास लेती है ।

(21) यदि स्त्री की कुंडली में एक ही राशि में चार से अधिक ग्रह स्थित हों तो प्रव्रज्या योग बनता है । प्रव्रज्या योग में कोई ग्रह अस्तगत हो तो स्त्री संन्यासी न होकर उनकी भक्ति करने वाली होती है ।

(22) स्त्री की कुंडली में यदि चंद्रमा, वृष, कन्या, वृश्चिक या सिंह राशि में स्थित हो तो स्त्री के कम पुत्र होते हैं ।

(23) यदि सप्तम स्थान में पापग्रह की राशि या पापग्रह स्वयं हो तो स्त्री के अल्प संतति होती है ।

(24) जिस स्त्री की कुंडली में सप्तम स्थान में राहु या केतु हो तो स्त्री का पति मलिन स्वभाव एवं नीच मनोवृत्ति वाला होता है ।

(25) अष्टम स्थान में राहु या मंगल हो तथा लग्न या चंद्रमा पापग्रहों के मध्य हो तो ऐसी स्त्री पिता एवं पति दोनों के कुल को कलंकित कर देती है ।

(26) स्त्री की जन्म कुंडली के अष्टम भाव में बुध हो तो स्त्री काकवंध्या होती है अर्थात् एक बार संतति होकर रह जाती है । केवल एक बार सफल या असफल गर्भ धारण करने वाली स्त्री काकवंध्या कहलाती है ।

(27) शनि और सूर्य कुंडली के अष्टम स्थान में हों तो ऐसी स्त्री बांझ होती है ।

(28) (अ) द्वितीया तिथि, आश्लेषा नक्षत्र और शनिवार इन तीनों योगों में जन्म लेने

वाली कन्या विषकन्या होती है ।

(ब) रविवार, शतभिषा नक्षत्र एवं द्वादशी तिथि को जन्म लेने वाली कन्या विषकन्या होती है ।

(स) मंगलवार, विशाखा नक्षत्र एवं सप्तमी तिथि में उत्पन्न कन्या विषकन्या होती है ।

(द) शनि लग्न में, सूर्य पंचम में और नवम में मंगल हो तो इस योग में उत्पन्न कन्या विषकन्या होती है ।

(च) लग्न में बलवान पापग्रह हो तथा छठे स्थान में भी दो पापग्रह हों तो इस योग में उत्पन्न कन्या विषकन्या होती है । विषकन्या योग में उत्पन्न कन्या शोक से पीड़ित, धन से रहित, संतानहीन एवं दोनों कुलों में विष की तरह व्याप्त होकर उनका नाश करती है । परंतु यदि सप्तम भाव में सप्तमेश स्वगृही हो तो विषकन्या योग भंग हो जाता है ।

(29) यदि लग्न या चंद्रमा से सप्तम स्थान में कोई ग्रह नहीं हो और यह स्थान दुर्बल हो तो ऐसी स्त्री का पति कापुरुष अर्थात् भीरु होता है ।

(30) यदि किसी स्त्री की कुंडली में लग्न तथा चंद्रमा पापग्रहों के मध्य हो तो वह कुल का क्षय करती है । विवाह मेलापक के समय ऐसी बातों का भी ध्यान रखना चाहिए ।

(31) यदि शुक्र, मेष या वृश्चिक नवमांश में हों और मंगल वृष या तुला नवमांश में हो तो ऐसी स्त्री परपुरुषगामिनी होती है ।

(32) यदि स्त्री की कुंडली मेष, कर्क, वृष एवं मकर लग्न की हो तथा पंचम भाव में चंद्रमा हो तो उसके अल्प संतति होती है ।

(33) यदि अष्टम में क्रूर ग्रह हो, किंतु साथ ही जन्म-लग्न से द्वितीय में शुभग्रह हो तो स्त्री **"अखंड सौभाग्यवती"** होती है अर्थात् अपने पति के कंधों पर पहले स्वर्ग गामिनी होती है ।

(34) जिस स्त्री के जन्म काल के सप्तमभाव में पापीग्रह हो और नवमस्थान भी पाप ग्रह हो तो वह नारी निश्चय ही फकीरी धारण करती है ।

(35) जिस स्त्री के जन्म काल में शनि, मंगल और रवि की राशि हो तथा चंद्र और शुक्र लग्न में हों, पंचम स्थान पर पापग्रहों की दृष्टि हो तो वह नारी वंध्या होती है ।

(36) जिस स्त्री के जन्मकाल सिंह के नवमांश में और सप्तम में मंगल बैठा हो तथा मंगल शनि से युक्त या दृष्ट हो तो ऐसी स्त्री के भग में रोग होता है । तथा वह खोटे भाग्यवाली होती है ।

(37) जिस स्त्री के सूर्य, मंगल अपने नवमांश में सप्तम भाव में स्थित हों तथा मंगल

शनि से युक्त या दृष्ट हो तो ऐसी स्त्री के भग में रोग होता है तथा वह खोटे भाग्यवाली होती है।

(38) जिस नारी के जन्मकाल में सप्तम भाव में सूर्य व राहु बैठा हो तथा शनि उसे देखता हो तो उस नारी के संतान पैदा होकर मर जाती हैं।

(39) जिस नारी के सप्तम भाव में चंद्रमा और बुध बैठा हो, शनि उसे देखता हो तो वह मात्र कन्या ही कन्या की औलाद पैदा करेगी।

(40) जिस नारी के जन्मकाल के अष्टम भाव में शुक्र और बृहस्पति दोनों हों तो वह केवल मृत संतान ही पैदा करेगी।

(41) जिस नारी के जन्मकाल के अष्टम भाव में शुक्र, बृहस्पति एवं मंगल स्थित हो तो उसे गर्भस्राव होता रहता है। कोई संतान नहीं होती।

(42) जिस नारी के जन्मलग्न में राहु, सूर्य, मंगल स्थित हो वह अवश्य विधवा होती है परंतु यदि शुक्र दूसरे घर में हो तो विधवा होने के बाद अन्य पति की इच्छा रखती है अर्थात् नाते जाती है या दूसरा विवाह करती है।

(43) जिस स्त्री की कुंडली में सूर्य और मंगल चतुर्थ या दशम में स्थित हों तो वह नारी पहाड़ से गिरकर मरती है।

(44) जिस कन्या के जन्मकाल में मंगल दूसरे, चंद्रमा सातवें और शनि चौथे हो तो वह नारी कुएं, बावड़ी या तालाब में गिरकर मरती है।

(45) जिस कन्या के जन्मकाल में शनि कर्क राशि में और चंद्रमा मकर राशि में स्थित हो वह नारी जलोदर रोग से मरती है।

(46) जिस कन्या की जन्मकुंडली में सूर्य और चंद्रमा लग्न से 3/6/9/12 वें स्थित हो वह कन्या आप ही जल में डूबकर मरती है।

(47) जिस नारी की जन्मकुंडली में सूर्य, चंद्रमा कन्याराशि में स्थित हों, उन्हें पापग्रह देखते हों तो वह नारी फांसी लगाकर या बंधन में बंधकर मरती है।

(48) जिस स्त्री की जन्मकुंडली में सूर्य, चंद्रमा, मेष या वृश्चिक राशिगत होकर पापग्रहों के मध्य हो वह नारी शस्त्र या अग्नि द्वारा अकाल मृत्यु को प्राप्त होती है।

(49) जिस कन्या के जन्मकुंडली में लग्नस्थ बृहस्पति, सप्तम भाव में चंद्रमा हो, दसम भाव में शुक्र स्वगृही हो तो वह कन्या निम्न कुल, अत्यंत साधारण परिवार में जन्म राजपत्नी के ऐश्वर्य व वैभव को प्राप्त करती है। यदि अच्छे कुल में जन्म हो तो उसका फिर कहना ही क्या।

(50) जिस स्त्री के जन्मकाल में लग्नस्थ बुध उच्च का हो, ग्यारहवें बृहस्पति हो वह स्त्री राजपत्नी होती हुई राजा तुल्य ऐश्वर्य व वैभव को भोगती है तथा स्त्रियों के

प्रसंग में पृथ्वी पर भारी प्रसिद्धि प्राप्त करती है ।

(51) जिस स्त्री के सप्तम भाव में मंगल हो तो वह बहुत सुंदर स्तनों वाली होती है । यदि सप्तम में शनि हो तो ढीले स्तनों वाली, सातवें में गुरु हो तो कठोर स्तनों वाली और यदि सप्तम में शुक्र हो तो उन्नत व कमनीय स्तनों वाली होती है ।

विशेष — स्त्री जातक के संबंध में अनेक प्रकार के **"राजयोग"** शास्त्रकारों ने कहे हैं । इन सभी की चर्चा किसी अन्य स्वतंत्र पुस्तक में अलग से की जाएगी । इस पुस्तक में अनिष्ट निवारण के अनेक उपाय दिए हैं । यदि प्रबुद्ध पाठकों को किसी प्रकार की कोई दिक्कत आती हो तो जवाबी पत्र के साथ लेखक से सीधा संपर्क कर सकते हैं ।